アーサー・アンダーセン／日本コカ・コーラ／GEで学んだ

現場で使える

決算書思考

Practical Way of Thinking in Financial Statements

川井隆史

Kawai Takashi

はじめに

本書を手に取っていただいた方は、きっと財務諸表は見たことがあるでしょう。しかし多くの方は、何が書かれているかは理解できても、その理解したことをどのように実際のビジネスの現場に活かしたら良いか、疑問に思っているのではないでしょうか。

財務諸表には数多くの勘定科目があります。それらをすべて理解するには、経理及びそれに関連する部門でないと難しいのが実際のところです。

また、さまざまな経営分析の指標がありますが、数が多く、計算式なども書物によって微妙に違っているため、非常に混乱するところです。

つまり、財務諸表が読めても、そこで書かれていることが現場のビジネスシーンとどう関連し、現場においてどのように活用すれば良いのかがわからないことに大きな課題があるわけです。逆にいうと、**現場で使えるレベルのことがわかれば良い**わけですが、それを解説した書籍は極めて少ないことに気づきます。それが本書を執筆した一番の理由です。

2019年6月に出版した前著『現場で使える 会計知識』は、現場の方々が実際に遭遇する可能性の高い部分の会計知識に絞り、実例を使って丁寧に解説したことが好評でした。

本書においてもその方針は踏襲しています。すなわち、類書に必ず書かれているような財務・会計における重要な論点でも、現場の方々があまり遭遇しないような部分については思い切って省略しています。

また、いろいろな経営指標の定義の部分については必要最低限にして、《経営の観点における財務諸表の意味と使い方》に絞った丁寧な解説を心がけています。

つまり本書は、**現場の方々が様々な財務諸表上の数値や経営分析の手法を使い、上層部や部下、取引先に説明できるようなシーンに力点をおいて書かれている**のです。

正直なところ、財務諸表の理論的解釈などは、私よりも大学の会計学の先生の方が優れているでしょうし、経営分析指標なら実際に活躍されている証券アナリストの方が私より専門性は高いでしょう。

ただし、実際に企業の実務の中で意思決定をし、そうした中でこれらの知識を使いこなしてきたという部分では、私にも一定の強みがあると思っています。ビジネスの現場においては、自分が理解して発表できるだけでなく、相手に腹落ちするように説明し納解してもらう必要があるからです。

「決算書思考」を構成する3つの目線

実はグローバル一流企業の経営幹部クラスであっても、財務諸表の複雑な数値や分析の理解は表面的であることが多く、なかなか本質の理解には達していないものです。その結果、仮に素晴らしい提案をしたとしても、「何だかよくわからないから却下（または説明をやり直し）」ということが往々にしてあるわけです。

つまり、こうした理解度の相手に説得的な説明をするためには、直観的に、ストレートに、わかりやすく説明できることがすごく大切なのです。

ではストレートに、財務諸表の内容に照らして説明するためには、どんな知識が必要なのでしょうか。ここで最も大切になるのが、本書のタイトルにも付けた

《決算書思考》です。

もともと財務諸表には、経営者、銀行、投資家の「3つの眼」が注がれます。**この三者はそれぞれに見ている観点が違いますが、その違いを踏まえられるようになると、非常に実用性の高いスキルになります。**このスキルを本書では決算書思考と名付けました。

決算書思考は具体的に、**安定性を見極める「銀行・格付会社目線」**、**収益性と成長性を見極める「経営者目線」**、**資本効率性を見極める「投資家目線」**の3つの目線に分けることができます。この3つの目線をバランスよく身につける思考法こそが決算書思考というわけです。

こうした思考法が身につくとどのような利点があるのでしょうか。

それはたとえば、決算書上から透ける会社の方針や戦略が理解できるようになる、「バランスが崩れているのでは」「行き当たりばったりになっているのでは」といった不幸な事態を前もって察知でるようになる、あるいは市場から魅力をもって見られる会社になっているかがわかるようになる、といったことが挙げられる

《決算書思考》を構成する3つの目線

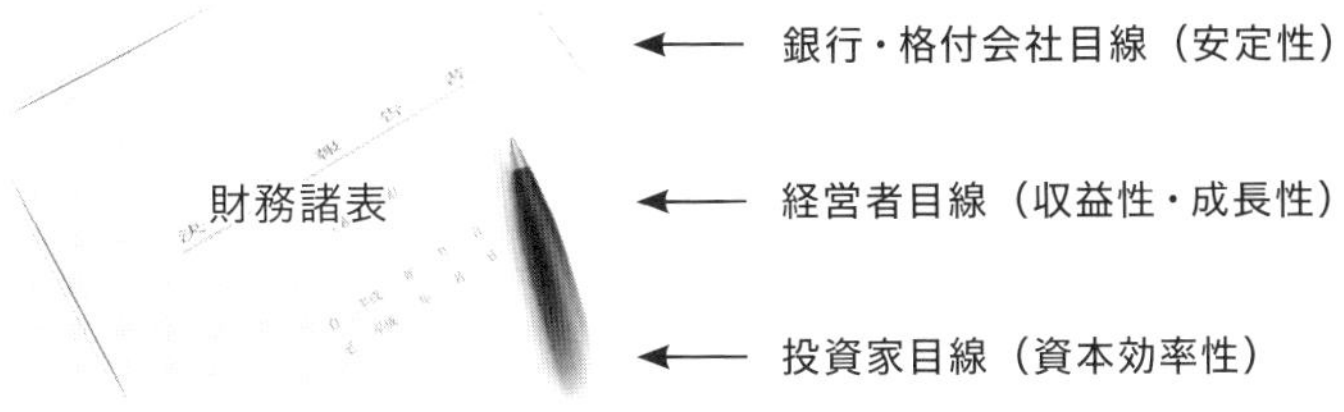

でしょう。

この決算書思考における3つの目線は、すなわち、経営者が持つべき目線そのものとも言えます。つまり本書を読むことで、**あなたは広義の「経営者の目線」を獲得することができるようになる**、と言い換えることができるのです。

決算書思考を身につけ、3つの複合的な「眼」で財務数値を活用できるようになると、あなたが話す言葉は格段に説得力を持つようになるはずです。当然、直観的に、ストレートに、わかりやすく説明することにつながり、あなたのビジネススキルは大きく飛躍することでしょう。

本書で提唱する決算書思考が、あなたのさらなるリーダーシップの発揮につながれば、著者として望外の喜びです。

目次

第1章　分析目線で読む財務諸表の基本

第2章

銀行目線で安全性を見る

第3章 経営者目線で収益性・成長性を見る

第4章 キャッシュを稼ぐ力と財務戦略を見る

第5章 投資家目線で資本効率を見る

第6章 ここだけ読めば使える！ 有価証券報告書

デザイン　大場君人

第1章

分析目線で読む財務諸表の基本

「分析目線」とは何か？

この章のゴールは、財務諸表を理論的に正確に理解することではありません。ビジネスパーソンが読んで使えるための〝最低限の内容〟を記したものだからです。そのため、ある程度会計に詳しい方は、読み飛ばしていただいても構いません。

ここで「読んで使える」という意味は、財務諸表をさっと見て、自社または他社がどんな状況なのか、場合によってはどんなことをやろうとしているのかといった〝仮説〟が立てられるレベルのことです。*1

少し乱暴な表現かもしれませんが、**「財務諸表をざっくり見て判断する目線」**と考えれば良いでしょう。

それでは「分析目線」の財務諸表の見方に入っていきたいと思います。

---

*1 これが銀行や証券会社のアナリストだと、単なる仮説ではなく詳細に分析して、インタビューやその他さまざまな調査で立証していかなければならないですが、通常のビジネスパーソンはそこまで求められていません。

貸借対照表の見方

貸借対照表（B／S[*2]）を、まずは**1－1**のような簡単な5つのブロックで表してみましょう。

貸借対照表は、どうやって資金を調達して、それを何に使ったかを一時点で表したものです。

これをわかりやすい因果関係で示したのが次の**1－2**です。つまり、**「どうやってお金を調達し、何に使ったか」を示しているのが貸借対照表**だということです。

1-1　貸借対照表

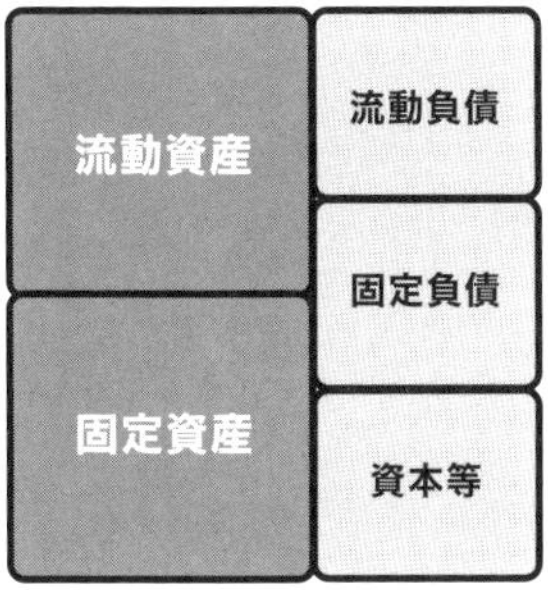

＊2　英語表記では、Balance Sheets といいます。

1-2　貸借対照表の因果関係

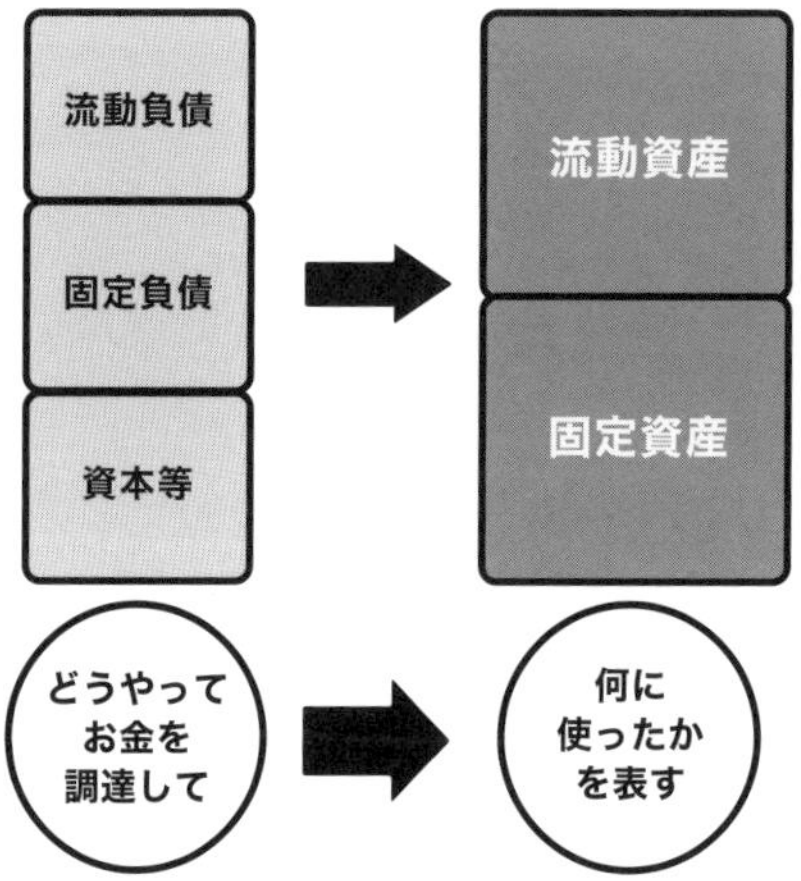

ここで、負債と資本等の大きな違いは何かというと、負債は例えば「借入金」のように基本的に返済しなければならない[*3]一方で、資本等は内部留保や資本金（株主からの払い込み）なので原則返済の必要はないということです[*4]。

資本等が原則返済しなくて良い代わりに、株主から配当を求められるなど非常にコスト高な一方、負債は現状のような低金利だとほぼタダ同然です。

ですから、**業績重視の拡大志向の企業であれば負債でどんどん調達した「チャレンジャー型」**

*3 そのため「他人資本」といいます。

*4 そのため「自己資本」といいます。

になりますし、**安定志向の企業であればじっくり自己資本で運営していく「堅実型」**になるわけです。

「堅実型」の貸借対照表

ではここでわかりやすい事例を挙げましょう。

堅実型の例として東証一部上場企業で一番自己資本比率[*5]が高い㈱ツツミ[*6]を取り上げます**【1－3】**。ツツミは宝飾品の小売業で皆さんもショッピングモールなどで店舗を見かけたことがあるのではないでしょうか。

有価証券報告書を見るとだいたいイメージがわきます**【1－4】**。じりじりと売上は下がっていますが低いながらも利益は確保。２０１６年と17年は店舗の減損損失を計上[*7]しているため当期純利益はマイナスですが、実際にお金が出ていったものではありません。配当はどんな時でも30円を確保しています。

株主構成を見ると、オーナーの堤氏一族関連で70％近くを占めており、配当のコストがかかるとはいえ、そのほとんどが社長一族に入るので気にならないというわけです。良くいえば堅実、悪くいうとゆでがえる的な状況で徐々に衰退して

＊5
ここではおおむね〈資本等÷総資産〉とご理解ください。詳細は後述。

＊6
埼玉県蕨市に本社を置く宝飾品・貴金属の小売業。売上高の内訳は小売が9割、卸売が1割。

＊7
収益性の落ちた店舗の価額を切り下げること。

1－3　㈱ツツミの貸借対照表（2018年度）

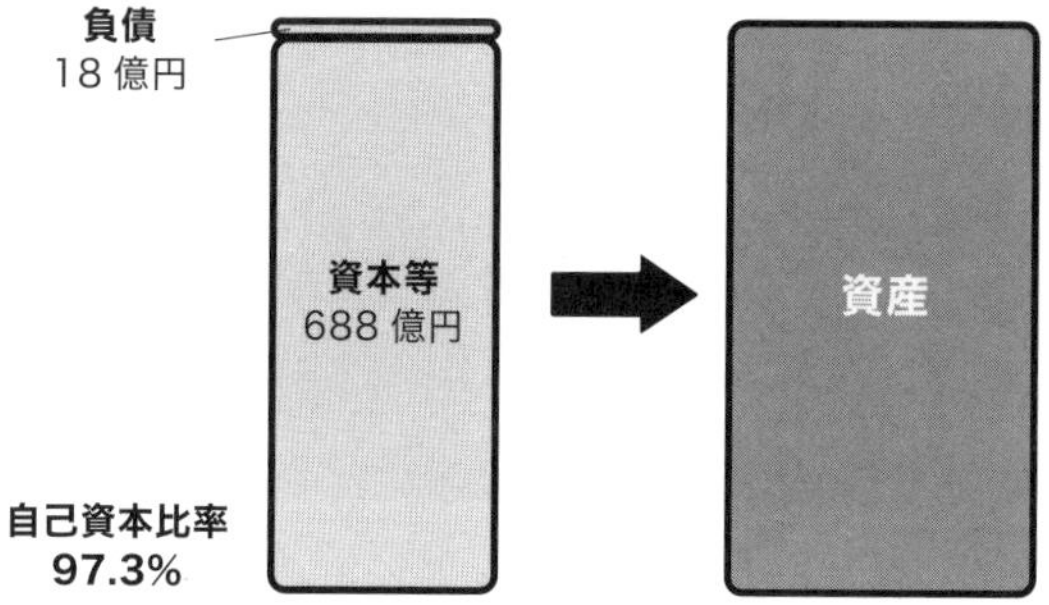

（有価証券報告書をもとに筆者作成）

1－4　㈱ツツミの有価証券報告書（2018年度）

	2015年3月	2016年3月	2017年3月	2018年3月	2019年3月
売上高（百万円）	22,148	21,764	19,172	17,566	17,515
経常利益（百万円）	2,237	1,646	969	1,062	981
当期純利益（百万円）	1,188	△ 864	△ 921	599	399
1 株当たり配当（円）	30	30	30	30	30

（有価証券報告書より抜粋）

いるといった感じです。

「チャレンジャー型」の貸借対照表

では、チャレンジャー型にはどんな会社があるでしょうか。

この型の会社には、単に業績が悪くて損失が累積し、結果としてチャレンジングな財務体質になっていくいわゆる「残念な企業」もあります。その代表例が最近ニュースにもよく登場する㈱ジャパンディスプレイ*8（ＪＤＩ）で、自己資本比率はわずか０・９％です。

ちょうどツツミとは真逆といっていい状態でほとんど資本等はなく、調達は負債が大半を占めています【1-4】。

ＪＤＩの場合、他人資本の拠出はあるのですが、その部分は過去からの累積損失約３４００億円で食いつぶされてしまっています。こういった業績不振の企業の場合、結果として堅実とはほど遠い自己資本の薄い形になります。

一方、急激な成長を志向しているため自己資本比率が下がるチャレンジャー型

---

*8　2012年4月に、ソニー・東芝・日立のディスプレイ部門が統合されて誕生するも、経営難が続いています。

1-4 ㈱ジャパンディスプレイの貸借対照表（2018年度）

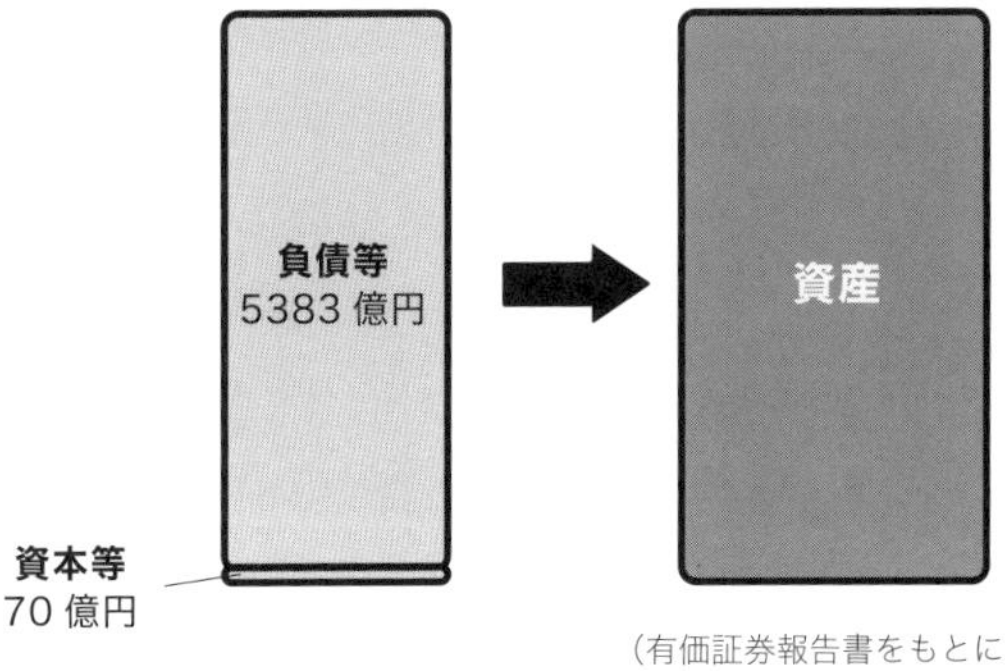

（有価証券報告書をもとに筆者作成）

に、㈱ウィルグループ[*9]があります。金融機関と業績不振企業を除くと、2019年度に東証一部上場企業で自己資本比率が最も低い企業です【1-5】。

計算上の自己資本比率は9・9%と10%を切っています。[*10]

1-6のように、5年間で売上高、経常利益ともに約3倍になっていて、明確な成長志向が見てとれます。この成長の大きなエンジンの1つとして挙げられるのが積極的なM&Aです。そのかなりの部分は借入金でまかなっているため、必然的に負債が大きくなり資本等は小さくなるわけです。堅実性はない代わり成長志向といえ、堅実型のツツミとは対照的です。

＊9　人材派遣、請負、紹介などを総合的に行っています。

＊10　資本等51億円÷（負債等372億円＋資本等51億円）＝12％ですが、自己資本比率の独特な計算があります。詳しくは第3章参照。

1-5 ㈱ウィルグループの貸借対照表（2018年度）

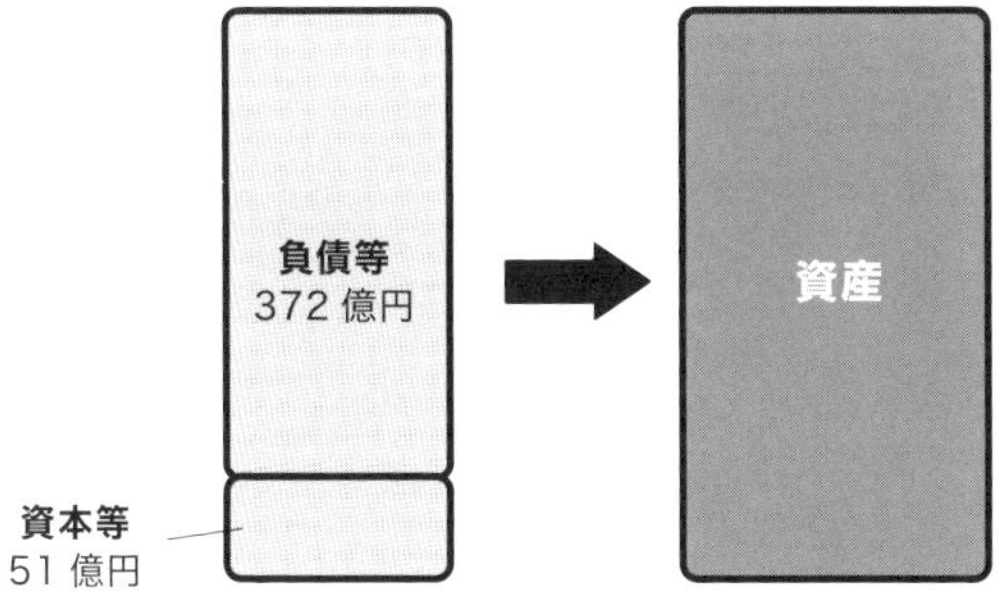

（有価証券報告書をもとに筆者作成）

1-6 ウィルグループの有価証券報告書（2018年度）

	2015年3月	2016年3月	2017年3月	2018年3月	2019年3月
売上高（百万円）	32,586	45,028	60,599	79,197	103,603
経常利益（百万円）	750	1,468	1,980	2,441	2,636
当期純利益（百万円）	547	692	1,011	1,222	1,231
1株当たり配当（円）	24	20	14	18	18

（有価証券報告書より、比較のため日本基準を抜粋）

ファブレスか自前か

貸借対照表をもう少し細かく見ていきます。まずは「流動」「固定」の概念です。基本的に資産の場合は1年以内に現金化できるか、負債の場合は1年以内に返済できるかによって使い分けます。[*11]

具体的には、1年以内に現金化できる資産を**流動資産**、1年以内に返済する負債を**流動負債**といい、1年以内に現金化できない資産を**固定資産**、1年以内に返済しない負債を**固定負債**といいます。

さらに、固定資産は以下のように分類できます。

有形固定資産は工場の建物・機械・車などの目に見える資産、一方**無形固定資産**はソフトウェアや知的財産権など目には見えないものの価値があるものです。**投資・その他の資産**はそれ以外の固定資産で、投資有価証券（長期保有の株式）や敷金・保証金などがこれに当たります【**1－7**】。

さて、貸借対照表を見ると同じ製造業でも、自前の設備を持たないファブレス[*12]

＊11 厳密にいうと営業循環基準という考え方がありますが、ここでは省略します。

＊12 fabrication facility、つまり「工場」を持たない会社のこと。

1-7　固定資産の分類

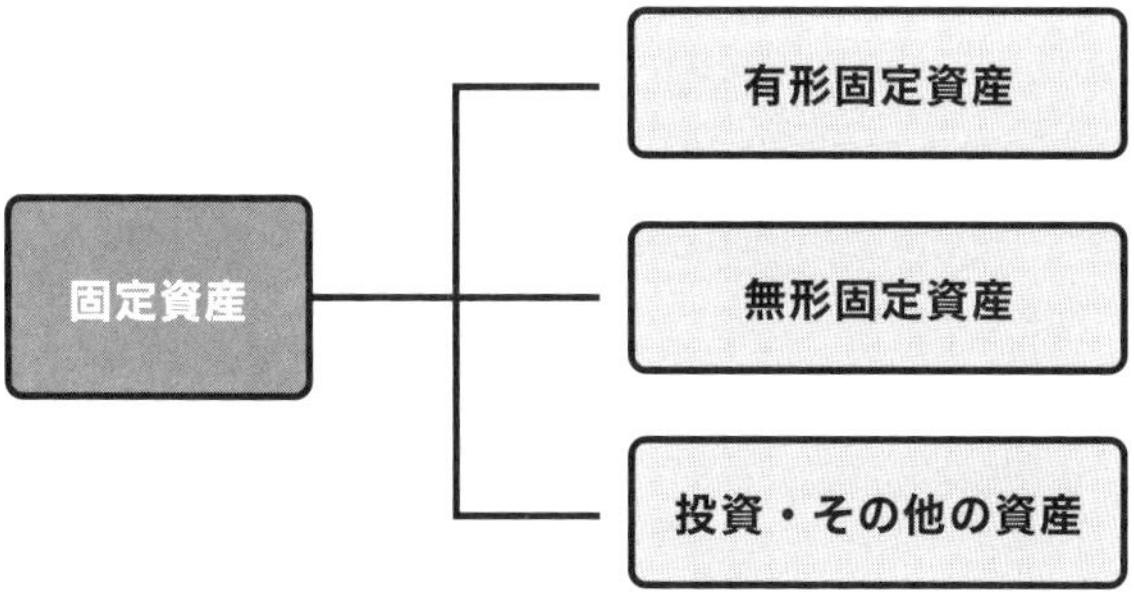

と重厚長大のがっちりした設備を持っている2つのタイプがあることがわかります。この場合、上記のように資産をもう少し分割するとよくわかります。

　ここでは、重厚長大の代表である九州電力㈱とファブレスの代表である㈱キーエンスを比較して見ていきましょう。**1-8**は大まかな割合を表すためにあえて合計の金額の違うものを並べています。

　端的にわかるのが、九州電力は有形・無形固定資産が約3・7兆円あるのに対し、キーエンスは約300億円と2桁くらい違うということです。九州電力はほぼ自前で発電設備の土地・建物・機械設備等を保有しているため、この

1-8　九州電力㈱と㈱キーエンスの「資産の部」

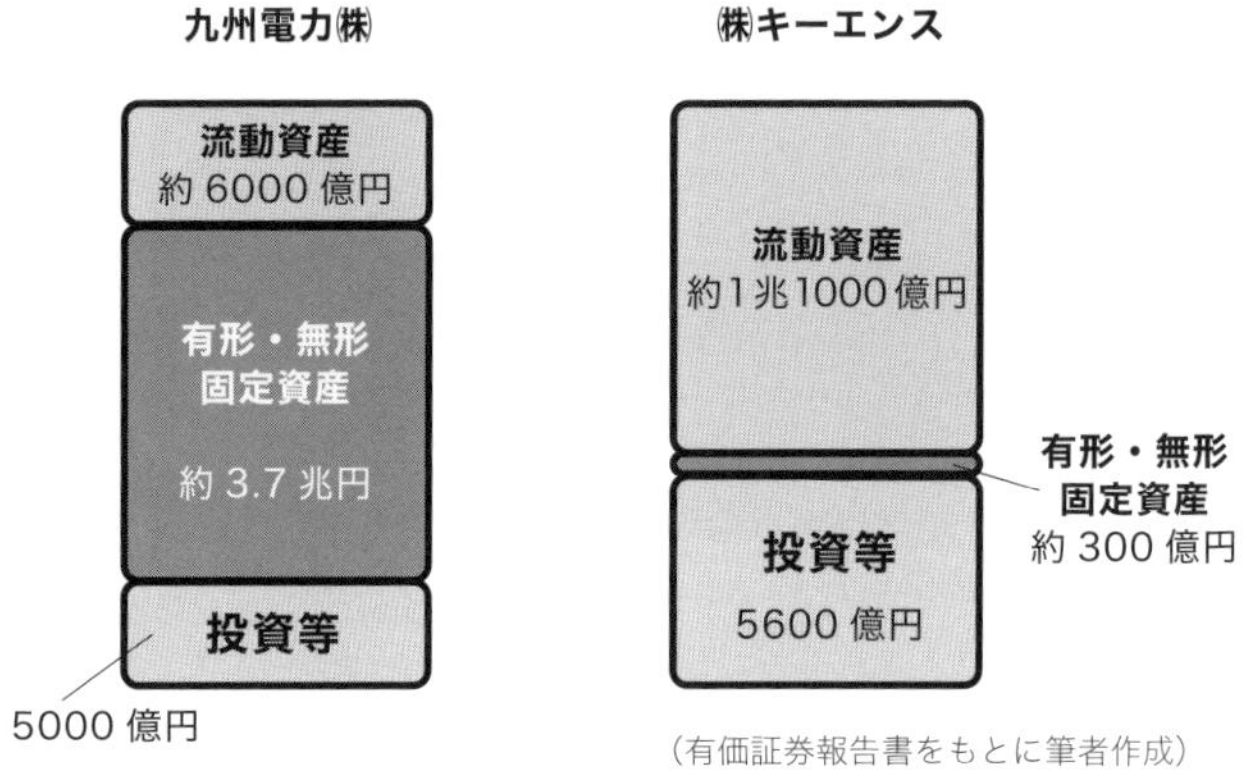

（有価証券報告書をもとに筆者作成）

ような重厚長大型になります。

一方キーエンスは自前の工場を持たないファブレスの「持たざる経営」ですから、有形・無形固定資産が300億円と軽薄短小になります。この300億円の中身も、本社・研究所・物流センターの建物がほとんどです。ちなみに投資等の中身もほとんどが社債と譲渡預金といった安全資産で、ほとんどは「余資」といえるでしょう。[*13]

負債の方も見てみましょう【1−9】。九州電力の場合、総資産の9割近く、約3・6兆円が負債でそのう

＊13　流動資産の中身は現金預金が約4600億円、国債・譲渡性預金が約3900億円。

1-9　九州電力㈱と㈱キーエンスの「負債の部」

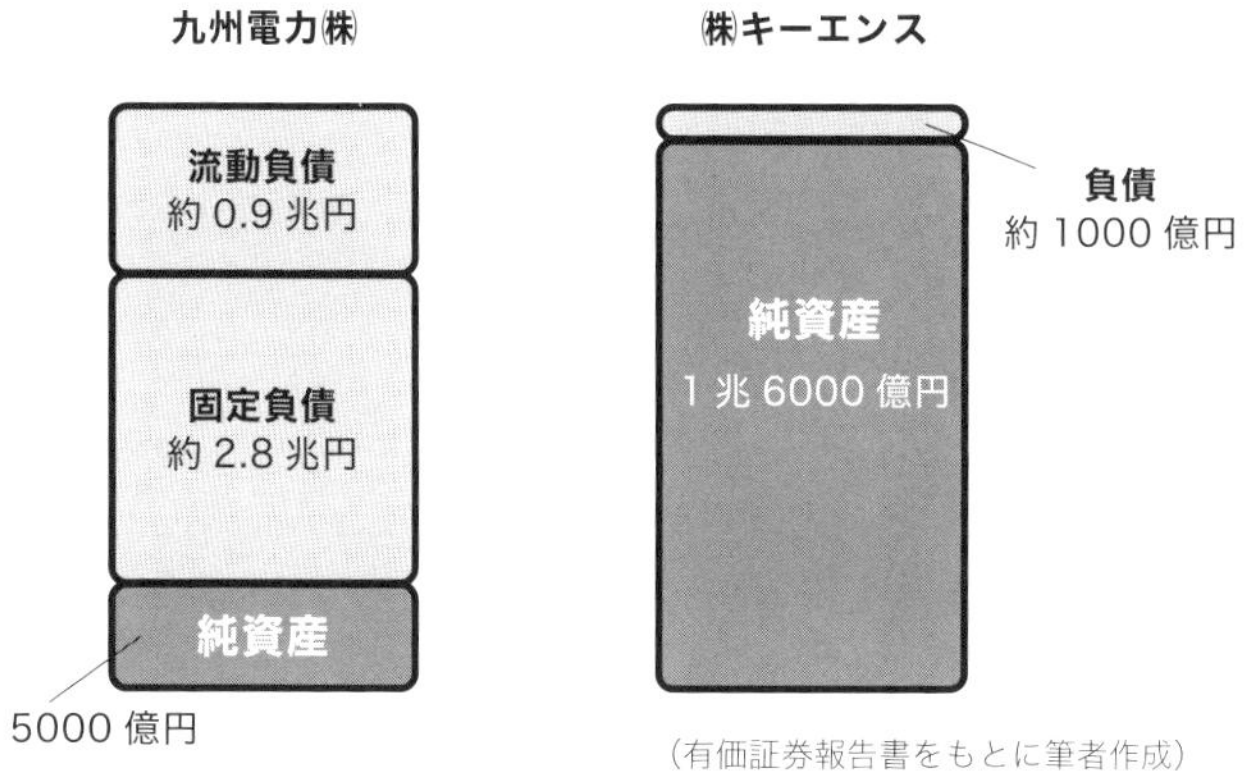

（有価証券報告書をもとに筆者作成）

ち約3兆円は有利子負債（借入金）です。巨額の設備の大部分を借入金でまかなってやりくりするといった、かなり財務的にはしんどいビジネスです。

一方、キーエンスの方は資産の大部分が「余資」であるくらいなので無借金、そして負債はほとんどなくて、ほぼ純資産（資本等＋内部留保）です。[*14]

＊14　両社は同じ製造業といっても全く対照的な会社といえるでしょう。

損益計算書の見方

損益計算書は基本的に一定期間（通常1年、四半期）ごとの経営成績を示す「通信簿」といえます。読む際のポイントは**1－10**に書いた5つの損益を読みこなすことです。上から順に見ていきましょう。

まず売上から差し引くのは売上原価で、これは販売した商品サービスの元の値段です。製造だったら製造にかかった費用、仕入れたのでしたら仕入れ値、サービスでしたらそのサービスをするのに直接かかった人件費などがこれにあたります。**売上総利益**は粗利（マージン）という概念に非常に近いものです。

そして、次が**営業利益**です。これは前述の売上総利益から販売費（例えば広告・マーケティングやプロモーション費用・営業マンの人件費）や一般管理費（事務所家賃・水道光熱費や管理部門の人件費）など、いわゆる事業を行うのに必須な

1 - 10　損益計算書

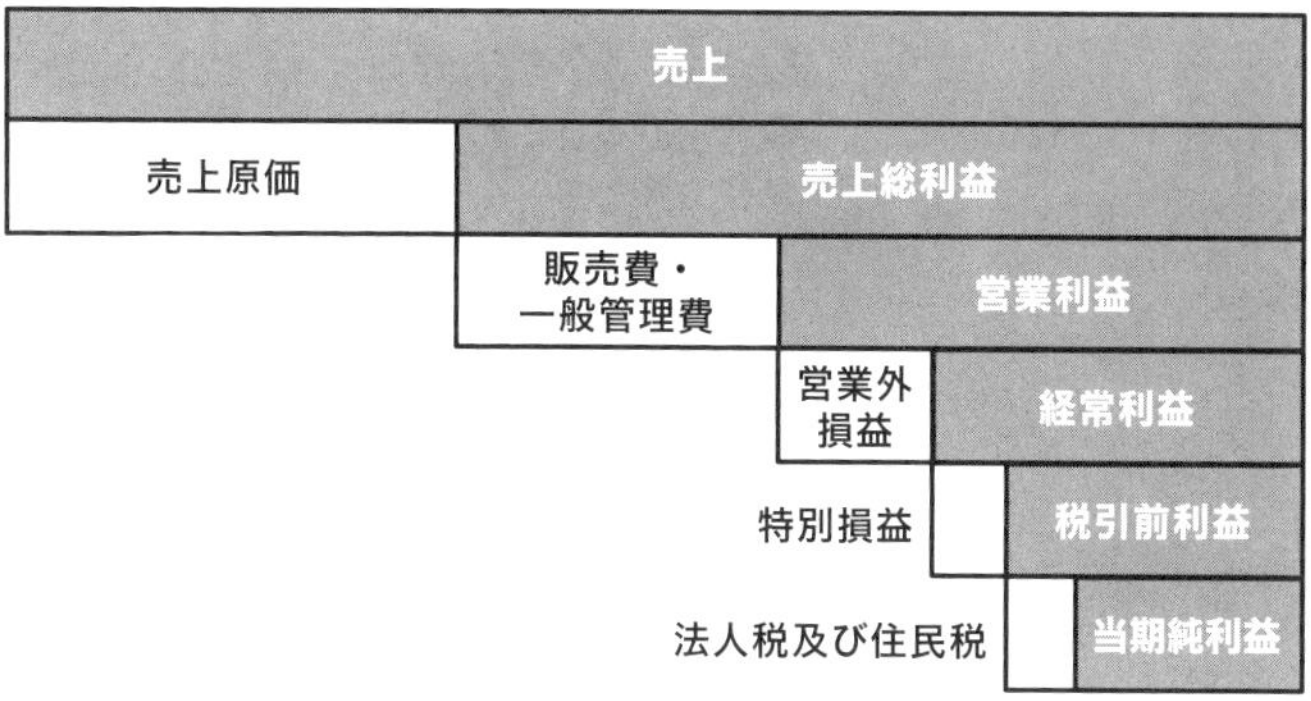

売上総利益 ： その会社の商品・サービスの販売の損益
営 業 利 益 ： その会社の事業の損益
経 常 利 益 ： その会社の事業に事業以外の活動（例えば財務・投資活動など）も含めた損益
税引前利益 ： 災害や自社資産の売却など特別な損益も入れた総合成績
税引後利益 ： 法人税等を差し引いた最終的な経営成績、結果

費用を差し引きます。これでほぼ本業の経営成績をはかっているといえるでしょう。*15

ただ、事業のほかに借入などの財務活動や他社に投資をするなどの活動もあるはずです。その結果を加えたものが**経常利益**です。本業の事業とは離れますがこの活動も重要で、このあたりが巧みな会社は懐が深い気がします。*16

---

*15　学校の成績でいうと英数国理社といったところでしょう。

*16　こちらは学校の成績でいうと、英数国理社＋美術・音楽・体育といったところでしょう。

低マージンと高マージン

ここでは「大きな本社」や「小さな本社」という見方が出てきます。ここでいう「本社」とは、単に建物や人のみを指すのではなく、売上に直接関係しない間接費全般のことを総称して呼んでいます。費目でいえば販管費の部分で、これが売上に比して大きいか小さいかで「大きな本社」「小さな本社」と呼んでいます。

「低マージン・小さな本社型」と「低マージン・大きな本社型」

スーパーマーケットといえば薄利多売の代表で、デフレが続く厳しい業種の1つと思われています。しかし、そのあたりをうまくしのいでいる企業とそうでない企業があるのでその違いを見ていきます。

1-11
オーケー㈱
2018年度有価証券報告書より抜粋

	単位：百万円	構成比率
売上	3,313	100.0%
売上原価	2,605	78.6%
売上総利益	708	21.4%
販管費	564	17.0%
営業利益	144	4.3%

1-12
ユニーグループ・ホーディングス㈱
2015年度有価証券報告書より抜粋

	単位：百万円	構成比率
売上	10,388	100.0%
売上原価	6,442	62.0%
売上総利益	3,946	38.0%
販管費	3,721	35.8%
営業利益	225	2.2%

（コンビニ・不動産業含む）

ここで取り上げるのはオーケー㈱[*17]とユニーグループ・ホールディングス㈱[*18]（以下、ユニー）です。

小売業の粗利率（売上総利益）は30％弱といわれています。なかでもオーケーはディスカウント食品スーパーのため、21・4％と低いことが眼を引きます。しかし、売上高販管費率が17％と非常に低いため、営業利益率で4・3％を出しています【1－11】。

一方のユニーは、不動産管理やコンビニの収益もあるため粗利率は38・0％と高くなっています。しかし、何といっても販管費率が35・8％と非常に高く、せっかくの粗利をほとんど食いつぶし営業利益率は2・2％と低迷しています【1－12】。

私は20年ほど前ではありますが、オーケーの

＊17
オーケーはELP（エブリディロープライス）をうたう一都三県（東京、埼玉、神奈川、千葉）に出店している食品スーパー。食品スーパーとして堅実に業容を拡大させています。

＊18
ユニーは愛知県発祥のGMS（総合スーパー）。2016年に事実上ファミリーマートによる経営統合を経て、GMSはパンパシフィックインターナショナルホールディングス（旧ドン・キホーテ）に買収されました。

1-13
ユニーグループ・ホールディングス㈱
2015年度有価証券報告書より抜粋

	単位：百万円	構成比率
売上	8,648	100.0%
売上原価	6,442	74.5%
売上総利益	2,206	25.5%

（GMSのみ）

本社を訪問したことがあります。非常に質素な事務所が今でも印象に残っています。粗利率が低くても「小さな本社」で間接費を削り、最低限のコストで利益を出していく姿勢がここに見えます。「低マージン」でも「小さな本社」であれば生き残れるわけです。

逆にユニーの粗利はGMSのみで見ると25・5％程度と小売業（特にGMS）としては低いうえ販管費率が高く、いわゆる「低マージン大きな本社」であったため単独では生き残れなかったといえるかもしれません【1－13】。

「高マージン・大きな本社型」

次に㈱資生堂と㈱アイビー化粧品を見てみましょう【1－14、15】。両社は化粧品製造業です。資生堂は店頭販売が主、アイビー化粧品は訪問販売が主というこ

1-14
㈱資生堂 2018年度
有価証券報告書より抜粋

	単位：億円	構成比率
売上	10,948	100.0%
売上原価	2,319	21.2%
売上総利益	8,629	78.8%
販管費	7,545	68.9%
営業利益	1,084	9.9%

1-15
㈱アイビー化粧品 2018年度
有価証券報告書より抜粋

	単位：億円	構成比率
売上	33	100.0%
売上原価	8	22.7%
売上総利益	26	77.3%
販管費	32	97.0%
営業利益	△7	△19.7%

とで多少ビジネスモデルや規模の差はありますが、原価率が低くて一般管理費率が高いという「高マージン・大きな本社型」といえます。化粧品は高マージンで原価率が低い一方、イメージを売るために多額の広告費や販促費、そして営業パーソンを投入しますから、必然的にそうなるわけです。

両社の原価率はほぼ同じですが、販管費率に差があります。資生堂の販管費は売上総利益よりも小さく10％近い営業利益率を確保していますが、アイビー化粧品は会社の規模に比して販管費が大きく、大幅赤字に転落しています。

このような「高マージン・大きな本社型」は往々にして高マージンにあぐらをかき、売上至上主義になって販管費のコントロールが効かなくなり、高コスト体質になりやすいのです。

アイビー化粧品などは31年3月期に比べて売上が40％も下がっており、それに販管費の削減が追い付いていません。アイビー化粧品は資本関係のない販売会社などに販売したところで売上が計上される会計方針なので、必然的に無理な押し込み販売的な行為が起きやすい状況にあります。*19

一方で資生堂の場合は海外企業を買収するなど拡大をする一方、不採算なブランドは廃止して業務用化粧品から撤退するなど、メリハリの利いた経営が眼を引きます。むやみな拡大一辺倒でないあたりがこうした結果につながっています。

「高マージン・小さな本社型」

次にファナック㈱と㈱安川電機を見てみましょう【1－16、17】。

両社は工作機械メーカーです。安川電機は経営指標から見て標準的な企業です。一方ファナックは、標準的な企業と比べて原価率が10％近くも低く、販管費率も5％以上低い、典型的な「高マージン・小さな本社型」です。

一般的には高付加価値（＝高マージン）製品を作れば必然的に研究開発費やマーケティング費用などがかかり、販管費がかさむ「大きな本社」になってしまいが

＊19
31年3月期においてはそういった体質を一気に改善するために手を打ったことがさまざまな資料から読み取れますが、まだまだ再建途上のようです。

1-16
ファナック㈱ 2018年度
有価証券報告書より抜粋

	単位：億円	構成比率
売上	6,355	100.0%
売上原価	3,697	58.2%
売上総利益	2,658	41.8%
販管費	1,025	16.1%
営業利益	1,633	25.7%

1-17
㈱安川電機 2018年度
有価証券報告書より抜粋

	単位：億円	構成比率
売上	4,746	100.0%
売上原価	3,179	67.0%
売上総利益	1,567	33.0%
販管費	1,069	22.5%
営業利益	498	10.5%

ちです。では、どやってファナックは「高マージン・小さな本社型」を実現しているのでしょうか。

まず「高マージン」の方は、製造ラインの徹底した自動化と少品種大量生産による徹底した低コスト化にあります。細かな顧客のニーズを取り入れた特注品を製造することは断り、その代わり顧客のニーズに合った汎用品を製造してコストを下げているのです。

本社も富士山ろくの山梨県忍野《おしの》村というかなり地価の安いところにあることから、会社全体として低コスト体質にあるといえそうです。

ただそのような低コスト体質のなかでも、1025億円の販管費のうち研究開発費に561億円も割いており、しっかりと高マージン、高付加価値を支えているといえます。極めてメリハリの利いたお金の使い方をしているわけです。

まとめると徹底的な低コスト化と研究開発費だけは惜しまない高い技術が高マージンを支える一方、研究開発費以外のコストは徹底的に削って小さな本社を達成しているといえるのでしょう。

会社のメッセージとしての「小さな本社」

次にトランス・コスモス㈱と㈱野村総合研究所を見てみましょう【1－18、19】。

ざっくりした区分でいえば、両社はＩＴを中心としたアウトソーシング会社です。しかし、トランスコスモスがどちらかというとＢＰＯ（ビジネス・プロセス・アウトソーシング）といったアウトソーシングの色が濃く、野村総研はコンサルティングの色を濃く出しています。この違いが損益計算書に明確に表れています。

営業利益率を比較してみると、野村総研（14・３％）の方がトランスコスモス（1・９％）より儲かっていると感じるでしょう。両社とも基本的にモノを販売しているわけではないので、売上原価に入っているのは顧客に請求している様々な

1-18
トランス・コスモス㈱ 2018年度
有価証券報告書より抜粋

	単位：億円	構成比率
売上	2,847	100.0%
売上原価	2,375	83.4%
売上総利益	472	16.6%
販管費	418	14.7%
営業利益	54	1.9%

1-19
㈱野村総合研究所 2018年度
有価証券報告書より抜粋

	単位：億円	構成比率
売上	5,012	100.0%
売上原価	3,365	67.1%
売上総利益	1,647	32.9%
販管費	932	18.6%
営業利益	715	14.3%

業務報酬の直接人件費が多いと想像されます。

野村総研の高水準な営業利益率は、売上原価率の違いによって実現できています。売上原価率はトランスコスモスが83・4％に対し、野村総研が67・1％と低いことがわかるでしょう。これは野村総研の高いブランド力が背景にあると考えられます。

一方トランスコスモスの場合は主力がBPOであり、顧客企業は自社で行うより安くできるためこういった会社に自社のプロセスをアウトソースするわけですから、あまりにも粗利が高かったり大きな本社（販管費率が高い）だったりだと、単価を下げろという話になりかねません。[*20] こういった、売上原価率と販管費率から企業のスタイルの違いを見てとれると思います。

＊20 以前とある上場BPO企業のCFOと話をした際（トランスコスモス社でありません）、「経費を販管費ではなく、売上原価の方に計上できるようにいろいろ考えている、あまりにも売上原価率が低いとまずいと思っている」とおっしゃっていました。当然正当な会計ルールの範囲内でやっているとは思いますが、「お客様にギリギリの価格でサービスを提供し、利益は〝小さな本社〟できちんと捻出している」としたいのでしょう。

孝行息子（娘）と極道息子（娘）

親会社に利益をもたらす子会社を〝孝行息子（娘）〟、損失をもたらす子会社を〝極道息子（娘）〟にたとえて話をしてみましょう。

まず、孝行息子（娘）の存在が決算書を読むうえで非常に重要なのは、近年の総合商社です。総合商社では、投資による損益がキーになっているからです。出資をして、その利益を株式持分だけ取り込む（持分法損益）、配当をもらう（受取配当金）という形態です。

例えば**1－20**をご覧ください。いかに三菱商事㈱がこの2つを重視しているかが良くわかります。

この決算発表の数字を見ると、営業利益が約5845億円なのに対し、持分法損益と受取配当金の合計が2772億円あります。いわゆる本業の利益である

1-20
三菱商事㈱ 2018年度
決算資料より

	単位：億円
売上総利益	19,878
販管費	△14,033
(営業利益)	5,845
持分法損益	1,399
受取配当金	1,373
当期純利益	5,907

（営業利益は筆者加筆）

1-21
㈱LIXILグループ 2015年度
有価証券報告書より
筆者が加筆・修正

	単位：億円
営業利益	390
金融損益	△ 93
持分法損益	△ 9
関連会社損失	△ 358
税引前損失	△ 70

営業利益にこの数字を加えると約1・5倍になるということです。ここまで重視しているとこの部分はほぼ本業といえ、もはや「営業利益」「経常利益」という区分自体あまり意味がないともいえます。*21

ただし、子会社の中には当然〝極道息子（娘）〟もいます。代表例は2016年3月期の㈱LIXILグループでしょう。

1-21のように本業である営業利益は390億円の黒字にもかかわらず、関係会社の損失が大きく足を引っ張って赤字に転落していることがわかります。極道息子（娘）はドイツのGROHE Groupの中国子会社であるJoyou AGの会計不正です。不用意に変な会社に出資してしまうと痛い目に合う好例かと思われます。

---

*21　実際に三菱商事はIFRS適用なこともあり、「営業利益」「経常利益」という区分はありません。

悪い特別損失と良い特別損失

1－22は、２０１９年３月期の㈱みずほフィナンシャルグループ（みずほＦＧ）と２０１７年３月期のタカタ㈱の損益計算書の抜粋です。ともに巨額の特別損失を出し、ほぼ同額の当期純損失となっています。

タカタはエアバックのリコール問題でリコール費用と訴訟費用が膨大となり、２０１７年６月に民事再生を申し立てて上場廃止になりました。この特別損失は１３３０億円が計上されていますが、まだまだ損失は広がると考えられ、最終的には１兆円レベルに達するともいわれています。

このようにタカタの場合の特別損失は予期していなかった損失であるうえ、この損失で打ち止めではなく、まだまだ垂れ流す可能性のある〝悪い特別損失〟といえます。

1-22　悪い損失と良い損失

	みずほFG	タカタ
経常利益	4,267	430
特別利益	112	245
特別損失	△ 5,033	△ 1,330
当期純損失	△ 654	△ 655

（有価証券報告書より抜粋、単位：億円）

一方みずほＦＧの場合はどうでしょうか。

こちらの損失額は５０３３億円と、タカタを凌駕する巨額です。ところがこの特別損失の中身を見ると、システムの統合によって生じたレガシーシステムの減損が４６００億円と、店舗の統廃合に絡むものが４００億円となっています。これはタカタと異なり、意図したメッセージに従った損失になっています。

すなわち、２０１９年7月にリリース予定の勘定システムについて、もうこれは価値のないものとみなし、今後の償却負担を和らげるという意味を持つわけです。店舗統合と合わせてすべてのうみを出し切ったというメッセージ性がここに見てとれます。

したがって、〝良い特別損失〟といえるでしょう。[*22]

＊22　この勘定システムの導入統合は、スピードが他のメガバンクに比べ周回遅れだという批判はあります。それでも会計処理上の経営判断は果断だと思います。

キャッシュ・フロー計算書の見方

会社にとってキャッシュは血液のようなものです。たくさんあれば良いというものではないですが、不足すると死（倒産）に至ります。そして、この血液たるキャッシュの流れが健全かそうでないかは非常に重要なポイントです。ここでは大づかみに「血液の流れ」をキャッシュ・フロー計算書を通じて眺めていきます【1－23】。

営業活動によるキャッシュ・フロー

企業の営業活動でどれだけキャッシュを生み出したかを示すのが「営業活動によるキャッシュ・フロー」です。一見、企業の経営成績である「損益計算書の税引

1-23 キャッシュ・フロー計算書

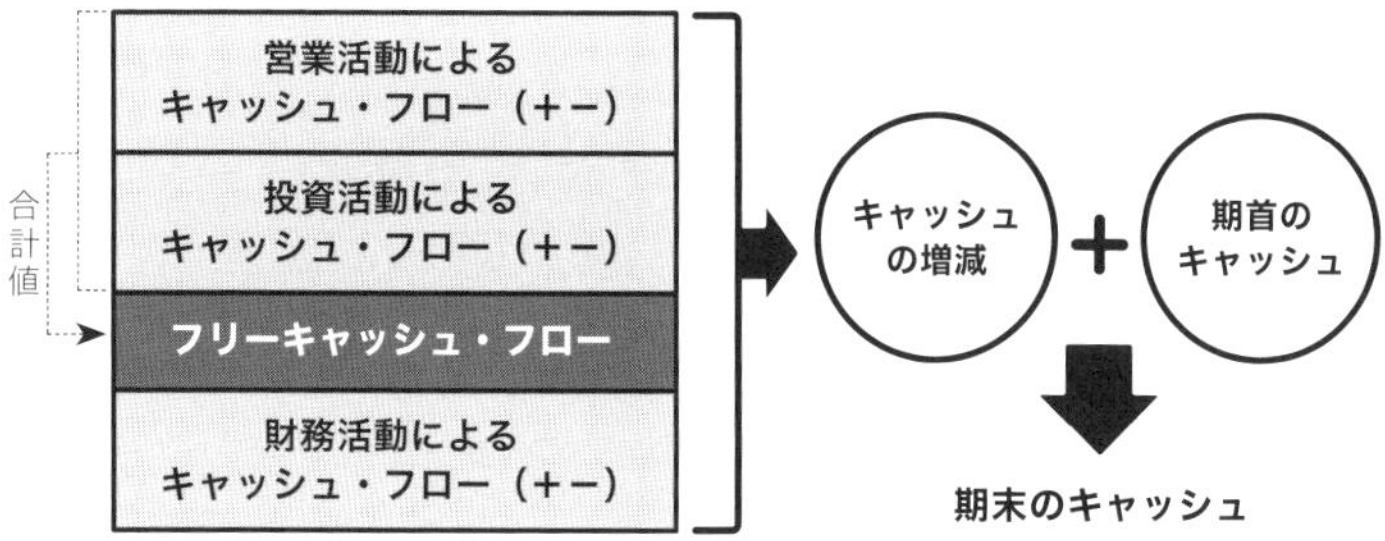

後利益」が営業活動のキャッシュ・フローであるよう思えるかもしれません。

しかし損益計算書は、売掛金や買掛金といった収益や費用に計上されているのに「キャッシュが動いていない項目」があります。ここでは最終利益に、キャッシュが動いていない項目の調整を加える間接法という方式でキャッシュの動きを表しています。

当然営業活動によるキャッシュ・フローはプラスであることが経営の健全性として求められます。

投資活動によるキャッシュ・フロー

ここでは〝投資の増減〟を表します。

企業は通常毎年のように設備投資等の「投資」をしていきますから、大きなリストラなどをして資産を売却しない限り、たいていはプラスです

フリーキャッシュ・フロー

先の営業活動によるキャッシュ・フローと投資活動によるキャッシュ・フローの合計がフリーキャッシュ・フローです。

一般的な企業経営では、事業で儲けたキャッシュの範囲内、つまり営業活動によるキャッシュ・フローの範囲内で投資活動をしている方が手堅いです。しかし、ここぞという機会には思い切って投資を行い、フリーキャッシュ・フローがマイナスになっても戦略的に投資をしていくことはあります。このあたりの果断と無謀は紙一重です。

財務活動によるキャッシュ・フロー

財務活動によるキャッシュ・フローは、血液でいうと献血と輸血のような関係

です。血液（キャッシュ）が余っていたら献血をするように借入金の返済や自社株の買い入れ等でマイナスになりますし、フリーキャッシュ・フローがマイナスで血液が少なくなってくるようなら、輸血をするように借入や公募増資・第三者割当等でキャッシュを増やさなくてはいけません。

それでも、あまりにフリーキャッシュ・フローのマイナスが大きすぎて当座の輸血でも足りなくなれば、会社の死である倒産になります。極端な話、赤字をいくら垂れ流しても会社は死なないですが、キャッシュが足りなくなると会社は死ぬのです。

再びチャレンジャー型と堅実型

それではここから、再度ツツミとウィルグループを比較して見てみましょう。まずは堅実型のツツミからです【1－24】。5年間の投資活動によるキャッシュ・フローは、すべて営業活動によるキャッシュ・フロー内で行っていることがわかります。会社の規模からすれば、ほとんど投資をしていないといっても過言ではないでしょう。2019年3月期などは手持ちの株を売却したのでキャッ

1-24　キャッシュ・フロー計算書の見方（㈱ツツミの例）

（百万円）	2015年3月	2016年3月	2017年3月	2018年3月	2019年3月
営業活動によるキャッシュ・フロー	1,663	1,437	1,679	1,883	2,190
投資活動によるキャッシュ・フロー	△506	△171	△194	△157	367
フリーキャッシュ・フロー	1,157	1,266	1,485	1,726	2,557
財務活動によるキャッシュ・フロー	△602	△4,930	△2,250	△527	△1,556
増減合計	555	△3,664	△765	1,199	1,001

	2015年3月	2016年3月	2017年3月	2018年3月	2019年3月
営業活動によるキャッシュ・フロー	＋	＋	＋	＋	＋
投資活動によるキャッシュ・フロー	−	−	−	−	＋
フリーキャッシュ・フロー	＋	＋	＋	＋	＋
財務活動によるキャッシュ・フロー	−	−	−	−	−
増減合計	＋	−	−	＋	＋

（有価証券報告書をもとに筆者作成）

シュが入り、投資活動によるキャッシュ・フローはプラスでした。この会社は借入金がないので財務活動によるキャッシュ・フローは配当と自社株買いです。

これを単純に見るためプラスとマイナスで記すと、かなりきれいにまとまることがわかります。営業活動によるキャッシュ・フローはすべてプラス、投資活動によるキャッシュ・フローは2019年3月を除いてすべてマイナス、そしてフリーキャッシュ・フロー

1-25　キャッシュ・フロー計算書の見方（㈱ウィルグループの例）

（百万円）	2015年3月	2016年3月	2017年3月	2018年3月	2019年３月
営業活動によるキャッシュ・フロー	1,235	453	38	3,503	2,079
投資活動によるキャッシュ・フロー	△685	△1,201	△1,596	△2,095	△5,715
フリーキャッシュ・フロー	550	△748	△1,558	1,408	△3,636
財務活動によるキャッシュ・フロー	△257	1,080	2,496	3,971	1,372
増減合計	293	332	938	5,379	△2,264

（億円）	2015年3月	2016年3月	2017年3月	2018年3月	2019年３月
営業活動によるキャッシュ・フロー	＋	＋	＋	＋	＋
投資活動によるキャッシュ・フロー	－	－	－	－	－
フリーキャッシュ・フロー	＋	－	－	＋	－
財務活動によるキャッシュ・フロー	－	＋	＋	＋	＋
増減合計	＋	＋	＋	＋	－

（有価証券報告書をもとに筆者作成）

はすべてプラスで、財務活動によるキャッシュ・フローはすべてマイナスです。

要するに手持ちの資金で細々と投資して、その残りを配当にあてているという極めて堅実な姿です。良くいえば手堅い、悪くいうと挑戦しないゆでガエル的な会社といえそうです。

一方チャレンジャー型はどうなるのでしょうか。再びウィルグループを見てみます【1－25】。

営業活動によるキャッ

シュ・フローはずっとプラスではありますが、投資活動によるキャッシュ・フローはその動きとは関係なく年を追うごとにどんどんマイナスの額が増えている、つまりガンガンと投資を積極的に行っていることがわかります。

そのため、フリーキャッシュ・フローはプラスだったりマイナスだったりいろいろです。ただ、この成長を買ってくれている資金の出し手はありますから、財務活動によるキャッシュ・フローは2016年3月からずっとプラスです。良くいえばチャレンジャー、悪くいえばと危なっかしい経営です。会社自体がどんどん成長しているので、きちんとリスクを見切っていればこれで正解なのでしょう。

このように、キャッシュ・フロー計算書を見ると会社のタイプが見えてくるのです。

輸血で生き延びるJDI

一方、何とか輸血（資金の注入）で生き延びている企業もあります。こうした企業のことを「ゾンビ企業」と呼ぶ人もいます。

非常に残念ですが、その代表が㈱ジャパンディスプレイ（ＪＤＩ）です【1－26】。

1-26　キャッシュ・フロー計算書の見方（株JDIの例）

（百万円）	2015年3月	2016年3月	2017年3月	2018年3月	2019年3月
営業活動によるキャッシュ・フロー	73,320	151,442	112,004	△754	△6,142
投資活動によるキャッシュ・フロー	△96,364	△181,156	△142,592	△53,161	△37,864
フリーキャッシュ・フロー	△23,044	△29,714	△30,588	△53,915	△44,006
財務活動によるキャッシュ・フロー	△24,971	△6,098	55,663	52,864	31,756
増減合計	△48,015	△35,812	25,075	△1,051	△12,250

（億円）	2015年3月	2016年3月	2017年3月	2018年3月	2019年3月
営業活動によるキャッシュ・フロー	＋	＋	＋	−	−
投資活動によるキャッシュ・フロー	−	−	−	−	−
フリーキャッシュ・フロー	−	−	−	−	−
財務活動によるキャッシュ・フロー	−	−	＋	＋	＋
増減合計	−	−	＋	−	−

（有価証券報告書をもとに筆者作成）

競合がサムソンやLGといった韓国の巨大企業や中国の政府肝いりの企業ですから、ガンガン投資をしていかないといけません。

そのため投資活動に伴うキャッシュ・フローは大きなマイナスになるのはやむを得ません。しかし、営業活動によるキャッシュ・フローでそれを支えるほどキャッシュを生み出しておらず、フリーキャッシュ・フローは大幅にマイナスです。

加えて営業キャッシュ・

フローが２０１８年にマイナスに転落したことで、投資キャッシュ・フローのマイナスも小さくなっています。つまり世界の強豪に勝てる投資ができていないことが推察されます。そのうえ２０１７年からは財務キャッシュ・フローの黒字、つまり輸血で生き延びているわけです。

個人的には「日の丸ディスプレイ」に頑張ってほしいところですが、財務的な数値を見る限りは非常に残念な状況といえるでしょう。

第2章

銀行目線で安全性を見る

「銀行目線」とは何か？

本章では、銀行目線で決算書を見ていきましょう。「銀行目線」とは、正確にいうとお金を貸している「債権者目線」のことで、格付会社（詳しくは85ページのコラム参照）を含みます。ただここでは代表的な存在であり、頭に入りやすい銀行目線で説明しています。

銀行は、貸したお金は返してもらわなければならない、と考える立場です。とはいえ、基本的に企業は倒産でもしなければきちんと返済をするものですから、**「倒産しないかどうか」という安全性の判断に重きを置いている**わけです。[*1]

＊1　一応誤解のないように申し上げると、当然将来の成長性や効率性などもそれなりに重視しています。しかし、安全性の優先順位が一番高いといえるのです。

汚いバランスシート

銀行等が嫌うのが「汚いバランスシート（貸借対照表、ＢＳ）」です。汚いＢＳとは簡単にいうと、名前を見ただけでは判別できない雑勘定（仮払金、仮受金、前払金、前受金、預け金、預り金など）に大きな金額が計上されていることと、勘定に計上されている金額が不自然に多いケースです。

まず雑勘定がなぜ嫌われるかを述べます。

もともと「仮○○」という勘定は、お金を払った、または受け取ったがその最終処理が決算の時点では決まっていない時に使われます。本来は決算時までに、使ったお金や受け取ったお金の処理が決まっていないのは不自然なことです。ましてやその金額が多いのですから、なおさらです。なかでも資産勘定である仮払金は嫌われます。特に中小企業の場合、仮払金が計上されるのは以下に挙げたような〝仮払金にしたい理由〟が考えられるからです。

- **経理がずさんでお金を何に使ったのか本当にわからない**
- **社長や経理担当社員などが使い込んでいる**
- **赤字逃れのため本当は費用であるのにごまかすために仮払金に入れている**
- **暴力団関係への支払いなど表沙汰にしたくない資金で、当然支払目的や相手先などは明かせない**

どれも望ましくない項目であり、これでは銀行が嫌うわけです。ただし、上場企業の場合は会計監査人が仮払金の中身などは精査するので、企業側としてもこれらを計上することはまれで、あったとしても公表財務諸表には「その他」の項目で載るほどの小さな額になっています。

次に「前〇〇」や「預〇金」という勘定ですが、これも一般的には不自然な科目です。本来商品やサービスの購入・販売を行う場合、商品・サービスの提供が終了してお金を支払うというのが通常の商習慣だからです。したがって、これも銀行などは嫌います。*2

ここでは例として、「前受金」と「預け金」が破たんにつながった企業を取り上げます。

ラ・パルレとスカイマーク

㈱ラ・パルレはエステティック業界で唯一上場している企業でしたが、2010年10月に民事再生法の申し立てをして事実上倒産しました。直接の原因は東京都から17店舗の業務停止命令を受けたこと、そしてメインバンクであった日本振興銀行の破たんで新規融資が行き詰まったことが挙げられています。しかし財務諸表を見ると別の見方ができます。**2-1**の2010年3月期の貸借対照表を見てみましょう。

ここで眼を引くのが、総資産の25％にもなる「前受金」の大きさです。ただ、これはエステ業という業態を考えればある程度納得がいきます。エステサロンはたいてい前金で契約を結ぶため、この部分が「前受金」として計上されます。本

＊2　ただし、業界の習慣として先払いや預かりなどが存在することがあります。加えて、社会保険や源泉徴収の税金などは「預り金」が一般的です。

2-1　貸借対照表の見方（㈱ラ・パルレの例）

現金預金	195	短期借入金	1,335
売上債権	366	前受金	765
その他	231	その他	349
流動資産	792	流動負債	2,449
固定資産	2,279	固定負債	81
		純資産	540
資産合計	3,071	負債純資産合計	3,071

（2009年度有価証券報告書をもとに筆者一部修正、単位：百万円）

来はこのように先にお金が入ってくる業態のため、資金繰りが比較的楽で、いわゆるキャッシュリッチなはずです。ところが現金預金は195百万円しかありません。赤字経営なのでどんどんお金が出ていったことが推測できます。

一方固定資産が総資産の75％近くを占めています。前受金があるような業態の場合、往々にしてお金があるため無理な〝規模の拡大〟に走りがちです。この固定資産のバランスを見ると、お金があるためついつい不必要ともいえる拡大に走ってしまった、それを埋め合わせるために銀行融資でしのいだがメイバンクの倒産で行き詰ったという流れが見えてきます。

「前受金」自体が破たんへの引き金を引い

2-2　貸借対照表の見方（スカイマーク㈱の例）

現金預金	70		
その他流動資産	147		
流動資産	217	流動負債	155
有形固定資産	240		
長期預け金	135		
その他固定資産	195	固定負債	185
固定資産	570	純資産	447
資産合計	787	負債純資産合計	787

（2013年度有価証券報告書をもとに筆者一部修正、単位：億円）

たわけではないのですが、大きな前受金が経営判断を誤らせた要因の1つになったと考えられるのです。

もう1つの例がスカイマーク㈱の倒産です。2015年1月にこちらも民事再生法を申請して事実上倒産しました。直接の倒産の引き金を引いたのはエアバスA380の導入失敗による多額の違約金でしたが、そもそもの原因は競争激化と航空機リースの負担による資金繰りの行き詰まりにありました。それでは破たん前（2014年3月期）の財務諸表を見てみましょう【2-2】。

財務内容をぱっと見ただけだと負債

は小さい一方で純資産は比較的厚く、さほどリスクがある感じには見えません。ただ、現金預金が少なくその部分は気にかかります。

実はスカイマークは、負債の中に「借入金」がないことに問題がありました。借入金がないと日頃の銀行取引がないために、資金繰りが苦しい時にどの銀行も救済に動いてくれず行き詰まってしまいます。つまり、典型的なキャッシュ不足による倒産劇というわけです。

また、ここでのポイントは135億円の「長期預け金」です。これは航空機の機材のリースにおいて、将来の損傷の修復のためにリース会社に預けたお金を意味します。売上原価の内訳を見ると機材のリース料自体は年間150億円程度ですから、それに匹敵する金額を預け金としてリース会社に提供しなければならないことがわかります。しかもこれは将来の修復に使用すると予想されるお金なので、資産性はないと考えられますし現金化もできません。

無論「長期預け金」自体が破たんへの引き金を引いたわけではありません。それでも、預け金という形でお金がいわば眠ってしまい、手持ちキャッシュが少なくなる要因になっていることがわかります。破たんへの坂を転げ落ちる大きな要因の1つになったことは確かでしょう。

不自然に多い金額

２０１９年12月12日、家具・インテリアの小売りを手掛ける㈱大塚家具が、家電量販大手㈱ヤマダ電機との資本提携契約を締結すると発表しました。これにより大塚家具は自力での再建をあきらめ、ヤマダ電機傘下での経営再建を目指すことになりました。直接の理由は、売上の低迷による3年連続の大幅赤字で資金が枯渇したことにあります。

ただ、同業の㈱ニトリホールディングスの財務諸表と比べると、そのバランスが不自然なほど悪いことがわかります。

商品勘定は、物販をしていれば当然存在している勘定で、金額の大小だけでは問題になりません。しかし、不自然にその金額のバランスが同業他社に比べ悪いと問題です。それを見るのがここで取り上げられている**在庫回転期間**です。

計算式は次の通りです。

2-3　在庫回転期間

	㈱大塚家具	㈱ニトリHD
商品売上原価（億円）	208	2767
商品（億円）	91	591
在庫回転日数（日）	160	78

（有価証券報告書をもとに筆者作成）

◆在庫回転期間＝棚卸資産÷（売上原価÷365）

在庫回転期間は、**棚卸資産（ここでは商品）が1日当たり仕入額の何日分あるか**を意味します。したがって、この値が小さいと早く在庫がはけていることを意味し、逆に大きいと在庫がはけない、つまり過剰在庫・不良在庫が疑われます

それでは大塚家具（2018年12月期）とニトリ（2019年2月期）を比べてみましょう【2－3】。

在庫回転期間を見ると、大塚家具は160日で、ニトリは78日です。大塚家具はニトリの2倍以上であることがわかります。ニトリが汎用品、大塚家具は中高級品と違いはありますが、同業他社とここまで財務指標が異なると大塚家具の過剰在庫・不良在庫が疑われます。

このあたりも大塚家具の身売りにつながった要因

になっていると推測できます。このように、「回転期間」は数値のバランスの良さ・悪さを見る際の指標になるわけです。

在庫回転期間とは別に、もう1つ似たような指標があります。**売上債権回転期間**です。これは、前年度比での不自然な動きについて見ます。

例として映像コンテンツ制作・企画企業である㈱ディー・エル・イー（ＤＬＥ）を取り上げます。２０１８年9月に不適正な会計処理が行われているということで第三者委員会を設置して調査が行われました。非常にざっくりと手口を述べると、以下のようになります。

映像の制作においてはスポンサー、テレビ局、制作会社、広告代理店といった関係者が「製作委員会」といった民法上の組合を組成し、映像制作プロジェクトを進めていきますが、ＤＬＥはこういった制作における企画やプロジェクトマネジメント的な業務をしていました。操作したのは「企画報酬」です。ＤＬＥが行っていたのは、企画料をプロジェクトが正式にスタートする契約前の段階で収益として計上していたことにあります。このこと自体がすでに問題とはいえ、実際にプロジェクトが動き出すのならいつかは収益として計上されるべきものともいえます。ところが実際は、計上後にプロジェクトそのものが頓挫した例も出ていました。その場合は、その計上した収益は、他の新しいプロジェクトに付け替えたりしてごまかしていたのです。

こうした売上関係のごまかしをすると、どこかに異常値が出ます。これが売上債権回転期間です。

◆売上債権回転期間＝売上債権÷（売上÷365）

平成27年度は売上債権の回収までに174日もかかり、かつ前期に比べて2倍以上に伸びていることがわかります【2－4上表】。つまり、売上の中に架空のものが含まれているか売上債権の中に回収不能なものが含まれていることが疑われます。こういった不自然な比率については注意が必要なわけです。ちなみに第三者委員会の調査の結果、次のように訂正がなされました【2－4下表】。

訂正前有価証券報告書と比較すると、なんと売上の約3割（20億19百万円－15億12百万円＝5億7百万円）が架空だったことがわかります。

2-4　売上債権回転期間（㈱DLEの例）

	平成26年	平成27年
売上（百万円）	1,742	2,019
売上債権（百万円）	355	961
売上債権回転期間（日）	74	174

（訂正前有価証券報告書より抜粋）

↓

	平成26年	平成27年
売上（百万円）	1,444	1,512
売上債権（百万円）	244	421
売上債権回転期間（日）	62	102

（訂正後有価証券報告書より抜粋）

負債と潜在負債

負債が過多で、債務超過（資産より負債が多い状況）になるのがまずいことは皆さんもおわかりでしょう。しかし決算書には、表には見えてこない〝潜在負債〟と呼ばれるものが隠れていることがあり、これが発覚して一気に債務超過に陥るケースがあります。融資などをしている銀行にとっては恐ろしいことです。それが実際に起こったのが２０１７年3月期の㈱東芝の決算です。

ここでは簡単に概要を述べます。*3

これは２０１５年10月にＣＢＩ・ストーン・アンド・ウェブスター社（Ｓ＆Ｗ社）を東芝の子会社であるウェスチングハウス社が買収したことから起こりました。**2－5**の２０１６年3月期の貸借対照表を見る限り、ほぼこの影響はありませんでした。しかし、よくＳ＆Ｗ社を精査したところ、受注した工事から巨額の

＊3 詳しくは拙著『現場で使える 会計知識』126ページ、「ＰＰＡ（取得原価配分）の落とし穴」で解説しています。

2-5　潜在負債（㈱東芝の例）

区分	注記番号	2015年度（2016年３月31日現在）金額（百万円）	構成比（%）	2016年度（2017年３月31日現在）金額（百万円）	構成比（%）
（負債の部）					
Ⅰ　流動負債					
１．短期借入金	1, 11及び20	410, 983		357, 551	
２．１年以内に期限の到来する社債及び長期借入金	1, 11及び20	208, 431		328, 074	
３．支払手形及び買掛金		808, 940		730, 900	
４．未払金及び未払費用	24, 25及び26	520, 507		416, 916	
５．未払法人税等及びその他の未払税金		108, 303		84, 072	
６．前受金		243, 027		320, 762	
７．短期繰延税金負債	17	5, 990		6, 805	
８．債務保証損失引当金（短期）	4	—		143, 761	
９．その他の流動負債	5, 17, 20 23及び24	329, 127		329, 562	
10．非継続事業流動負債	4	589, 704		—	
流動負債合計		3, 225, 012	59. 3	2, 718, 403	63. 7
Ⅱ　固定負債					
１．社債及び長期借入金	11及び20	822, 120		518, 171	
２．未払退職及び年金費用	12	559, 256		531, 164	
３．長期繰延税金負債	17	59, 643		73, 293	
４．債務保証損失引当金（長期）	4	—		543, 897	
５．その他の固定負債	5, 17, 20 23, 24, 26及び27	95, 052		160, 289	
固定負債合計		1, 536, 071	28. 3	1, 826, 814	42. 8
負債合計		4, 761, 083	87. 6	4, 545, 217	106. 5
（資本の部）	18				
Ⅰ　株主資本					
１．資本金 発行可能株式総数 10, 000, 000, 000株 発行済株式数 2016年及び2017年３月31日 4, 237, 602, 026株		439, 901	8. 1	200, 000	4. 7
２．資本剰余金		399, 470	7. 4	140, 144	3. 3
３．利益剰余金		△76, 782	△1. 4	△580, 396	△13. 6
４．その他の包括損失累計額		△431, 828	△8. 0	△310, 750	△7. 3
５．自己株式（取得原価）					
2016年３月31日 3, 584, 162株		△1, 887	△0. 0		
2017年３月31日 3, 793, 341株				△1, 945	△0. 1
株主資本合計		328, 874	6. 1	△552, 947	△13. 0
Ⅱ　非支配持分		343, 384	6. 3	277, 243	6. 5
資本合計		672, 258	12. 4	△275, 704	△6. 5
契約債務及び偶発債務	22, 23及び24				
負債及び資本合計		5, 433, 341	100. 0	4, 269, 513	100. 0

（有価証券報告書より抜粋）

損失が出ることが発覚、約6875億円（1437億円＋5438億円）もの債務保証損失引当金を計上することとなりました。

2016年3月時点では、社内でも（おそらく）認識されていなかったいわゆる潜在負債であり、とりわけ外部の人には発見することはほぼ不可能だったと思われます。このような貸借対照表上には出てこない潜在負債がないかアンテナは立てておく必要があるといえるでしょう。

企業側も潜在負債は減らそうと努めています。

よく例として挙げられるのが企業年金制度です。富士通、パナソニック、ソニーなどが確定給付年金から確定拠出年金に移行したことが2018年に話題になりました。このことについて、本書に関係する部分のみ説明しましょう。[*4]

企業年金制度には、大きく分けると「確定給付年金」と「確定拠出年金」の2つがあります。このうち「確定給付」の場合は、拠出された年金資産の運用が成功しても失敗しても約束した年金を支払うこととなり、**「約束した年金額」と「運用資産」の差額は企業の債務**になります。

＊4
年金会計の話をするとそれだけで一冊の分厚い本になってしまうので、会計基準の詳細の説明はできません。

以前はこの債務は貸借対照表に載っていなかったため、潜在負債でした。しかし今は年金会計基準が変わり、上場企業は債務として計上しなければならず、潜在負債ではなくなりました。

とはいえ、もし不況になって株価が下がり運用成績が悪くなれば、年金資産の減少で年金債務が増えることに変わりはなく、ただでさえ不況で会社の業績が悪くなるところに年金債務が増えてダブルパンチとなります。

そういう意味では、年金債務は将来の市場環境次第で増える可能性があり、広い意味での潜在債務ということもできるのです。

一方の確定拠出年金においては、企業や従業員本人が毎月一定の掛け金を拠出して、金融機関に委託して運用をしてもらいます。従業員側から見れば、この積み立てた掛け金が将来自分のもとに戻ってくるという仕組みです。企業側はいったん拠出して費用として計上すればそれで終わりとなります。

確定給付のように給付額を約束しているわけではないので、将来思いもかけぬ負債になることはありません。

確定給付の場合は運用環境やその巧拙が企業の財政状態を直撃する一方、確定

2－6　「潜在負債」の例（富士通㈱）

	前年度末 （2018年3月31日）	当年度末 （2019年3月31日）
	百万円	百万円
確定給付制度債務の現在価値	△2, 413, 724	△1, 611, 839
制度資産の公正価値	2, 198, 442	1, 502, 620
連結財政状態計算書に認識された確定給付負債（資産）の純額	△215, 282	△109, 219

（有価証券報告書より抜粋）

拠出の場合は従業員の財政状態を直撃する、といった違いがあるわけです[*5]。

富士通㈱では2018年度に一部確定給付から確定拠出[*6]に移行しました。これにより、確定給付の年金債務が2・4兆円から1・6兆円、資産が2・2兆円から1・5兆円と大幅に減っています【2－6】。

このような形で将来の潜在負債を減らす動きが各企業で見られています。

＊5　ただ確定拠出でも一般的には安定的な運用を目指すので、財産が大幅に減るようなことはほぼないと考えられます。

＊6　正確にいうと「リスク分担型企業年金」という確定拠出と給付の中間型。

自己資本比率

第1章でも触れた「自己資本比率」について、再度取り上げます。

ここでは、伝統的大企業で〝チャレンジャー型〟[*7]である武田薬品工業㈱を見てみましょう。

武田は2019年1月に約6兆2100億円でアイルランドの大手製薬会社シャイアー社を買収しました。この際、3兆294億円を現金、残りは株式を発行して普通株式で支払っています。現金部分はすべて借入金であり、かつ1兆6032億円のシャイアー社の有利子負債を引き受けました。

これによってどのように自己資本比率が変わったか見てみましょう【2－7】。

2016年3月期では自己資本比率が51・0％あったのですが、今回のシャイアー社の買収で一気に37・2％まで低下しました。これによって武田の格付は

＊7
「チャレンジャー型」の詳細は25ページ参照。

2-7　自己資本比率（武田薬品工業㈱の例）

（単位：十億円）	2016年3月	2017年3月	2018年3月	2019年3月
資本等＊	1,949	1,894	1,997	5,160
純資産	3,824	4,356	4,106	13,872
自己資本比率	51.0%	43.5%	48.6%	37.2%

＊「資本等」は正確には「親会社に帰属する持分」ですが、ここでは「資本等」にしています。

（有価証券報告書より筆者作成）

ムーディーズでは「Ａ２」[＊8]から「Ｂａａ２」[＊9]に３段階引き下げとなり、Ｓ＆Ｐでは「Ａマイナス」から「ＢＢＢプラス」に１段階引き下げになりました。

たしかに自己資本比率が低下したことで、財務上の中長期的な安定性が低下したという判断は間違いありません。とはいえ、すわ倒産が近いと考えるような指標ではなく、一般的には中長期的な安全性指標の１つと考えれば良いでしょう。

＊８　中級の上位と判断され、信用リスクが低い債務に対する格付。

＊９　中級と判断され、信用リスクが中程度であるがゆえ、一定の投機的な要素を含みうる債務に対する格付。

流動比率と手元流動性

倒産はほぼ「企業の死」と同義ですが、そもそもどうなると企業は倒産するのでしょうか。それは、基本的にキャッシュがなくなり本来すべき支払い（手形、従業員の給料など）ができなくなった時に起きます。したがって、極端な話、何年赤字を垂れ流そうと、債務超過だろうと、キャッシュ（現金）がある限り倒産しないことになります。逆に**キャッシュがない、またはなくなりそうな兆候が明らかになった場合は危険度が高い**と判断できます。

ここでは２０１９年1月17日に民事再生法の適用を申請して事実上倒産した洋菓子メーカーの㈱シベールを取り上げます。この企業は「ラスク・フランス」でヒットしたラスクブームの火付け役企業でもありました。

ここで取り上げるのは**流動比率**です。前に取り上げた自己資本比率は中長期的

2-8　流動比率と手元流動性（㈱シベールの例）

（単位：千円）

	前事業年度 （平成29年８月31日）	当事業年度 （平成30年８月31日）
資産の部		
流動資産		
現金及び預金	186,506	85,293
売掛金	69,379	66,698
商品及び製品	10,993	11,456
仕掛品	12,457	15,123
原材料及び貯蔵品	61,652	73,656
未収入金	15,172	5,243
前払費用	17,967	14,515
繰延税金資産	15,650	4,426
その他	46	-
貸倒引当金	△434	△342
流動資産合計	389,390	276,071

流動負債		
買掛金	93,363	82,097
短期借入金	-	200,000
1年内返済予定の長期借入金	354,759	341,759
リース債務	2,381	6,287
未払金	117,772	112,414
未払費用	14,841	13,004
未払法人税等	14,615	11,258
未払消費税等	8,217	6,683
前受金	1,561	4,827
預り金	6,607	6,081
賞与引当金	2,750	5,000
ポイント引当金	15,715	13,612
株主優待引当金	12,800	14,187
資産除去債務	11,350	-
その他	1,131	1,076
流動負債合計	657,868	818,292

（有価証券報告書より抜粋）

な安全性指標であるのに対し、これは短期的指標です。簡単にいうと、この指標が悪いと「かなりヤバイ」わけです【２－８】。

◆流動比率＝流動資産÷流動負債×１００

流動比率が１００％以下になった場合は、目先の支払いが手元の資産でできないということですから、かなりまずいわけです。

平成29年８月と30年８月のそれぞれを計算すると以下になります。

29年８月：３億８９３９万円÷６億５７８６・８万円×１００＝59％

30年８月：２億７６０７・１万円÷８億１８２９・２万円×１００＝34％

流動比率が１００％でもかなりまずいのに34％まで低下したということは、このうえなくまずい兆候です。さらに詳しく流動負債を見てみると、30年８月に新たに短期借入金が２億円あることがわかります。しかし現金預金は前年より約１億円少なく、あっという間に短期借入金は〝溶けてしまった〟ことがよくわかります。

ただ、流動比率の数値は、流動資産の中に不良債権（不良在庫や回収できない売掛金など）があった場合は歪んでしまいます。そこでもう1つ短期的な安全指標として見るべきものに、**手元流動性**があります。

◆手元流動性＝（現金預金＋すぐに処分可能な有価証券）÷月商

手元流動性のイメージとしては「月商分（プラスアルファ）くらいの支払い余力として、すぐに現金化できるものを持っておこう」といった考え方です。

よく東証一部上場レベルの**大企業で1か月分**、**中小企業で2か月弱分**あれば大丈夫といわれています。ではシベールはどうだったでしょうか。ここでは「すぐに処分可能な有価証券」はわからないので省略し、29年8月期と翌30年8月期の売上を12で割って月商として求めています。

29年8月：1億8650・6万円÷（年商30億6153・3万円÷12）＝0・73
30年8月：8529・3万円÷（年商26億7092・6万円÷12）＝0・38

これを見ると29年8月の段階でかなりまずい状態になっており、さらに手元流動性が下がってしまった30年8月はほぼ臨終寸前だったことが読み取れます。

ただし、例外はあります。流動比率が低くてもあまり問題のない会社、例えば、現金商売の会社がそうです。食品スーパーの㈱ライフコーポレーションの貸借対照表を見てみましょう【2－9】。

流動比率

２０１８年２月：５９１億63百万円÷１１２７億97百万円×１００＝52・４％

２０１９年２月：６３４億92百万円÷１２２４億90百万円×１００＝51・８％

手元流動性

２０１８年２月：80億92百万円÷（年商６５８２億74百万円÷12）＝０・14

２０１９年２月：79億03百万円÷（年商６７８２億11百万円÷12）＝０・14

この数字だけ見ると、先に取り上げたシベールよりはるかに悪いことがわかり

2-9　流動比率と手元流動性 ㈱ライフコーポレーションの例）

（単位：百万円）

	前連結会計年度 (2018年２月28日)	当連結会計年度 (2019年２月28日)
資産の部		
流動資産		
現金及び預金	8,092	7,903
売掛金	2,715	3,380
有価証券	※2 264	―
商品及び製品	23,166	24,296
原材料及び貯蔵品	93	126
繰延税金資産	2,490	2,317
未収入金	18,915	21,961
その他	3,425	3,505
流動資産合計	59,163	63,492

（単位：百万円）

	前連結会計年度 (2018年２月28日)	当連結会計年度 (2019年２月28日)
負債の部		
流動負債		
買掛金	38,423	38,600
短期借入金	※2 33,950	42,000
1年内返済予定の長期借入金	※2 12,976	※2 14,004
リース債務	1,418	1,275
未払金	8,353	9,912
未払法人税等	2,387	1,846
賞与引当金	2,318	2,195
販売促進引当金	2,342	2,384
その他	※2,※3 10,627	※2,※3 10,269
流動負債合計	112,797	122,490

（有価証券報告書より抜粋）

ます。しかし、考えてみましょう。資産側の「現金預金」は、スーパーなので毎日流入してきます。一方負債側の大きな金額である「買掛金」や「短期借入金」を支払う日はすぐではありません。このような現金がすぐに入ってくる商売の場合は、厚めに流動資産を持っておく必要性はそれほどないのです。

反対に、介護業界（介護保険の支払いは約2か月後）や機械製造業（一般的に手形取引などが多く支払いまで長い）のように現金化まで時間がかかる業種の場合は、流動比率が高めでないと危ない可能性があります。

借金を返す力

ソフトバンクグループ㈱（ＳＢＧ）が２０１９年11月6日に発表した第２四半期決算は、見た人の度肝を抜きました。理由は有利子負債とリース債務の合計[＊10]、つまり借金が18兆円を超えたからです。これは中規模の国の国家予算くらいに相当します。ではＳＢＧは危ないのでしょうか。借金が多くても、返す力があれば問題ないはずです。ここではＳＢＧの「借金を返す力」を見ていきましょう【2

＊10
リース債務については、新しいリース債務基準（ＩＦＲＳ16）の導入による約２・１兆円のリース負債の増加もあります。２０１９年９月の債務償還年数は過去年度との比較のためリース負債は算入していません。新しいリース会計基準については、拙著『現場で使える会計知識』をご参照ください。

2-10　インタレスト・カバレッジ・レシオ（ソフトバンクグループ㈱の例）

（百万円）	2018年3月	2019年3月	2019年9月
支払利息	516,132	633,769	303,538
営業利益	1,303,801	2,353,641	△15,532
インタレスト・カバレッジ・レシオ	2.5	3.7	△0.1
インタレスト・カバレッジ・レシオ*	2.1	1.8	1.2
有利子負債	17,042,188	15,685,106	16,015,474
営業キャッシュ・フロー	1,088,623	1,171,864	373,659
債務償還年数	15.7	13.4	21.4

（決算短信より抜粋）

-10」。

借金を返す力を判断する指標は2つあります。1つは、支払利息を生み出す利益できちんとカバーできるかという**インタレスト・カバレッジ・レシオ**、そしてもう1つが、借金を何年くらいで返せるかという**債務償還年数**です。

ざっくりいうと前者は「短期的に借金を返せるか」を、後者は「中長期的に借金を返せるか」を判断する指標といえます。

まずは短期的に借金を返す力があるかを示すインタレスト・カバレッジ・レシオを見てみましょう。計算式は下記になります。

要するに**「利息を払える余裕がどれだけあるか」**を表します。

◆インタレスト・カバレッジ・レシオ＝（営業利益＋金融収益）÷支払利息

インタレスト・カバレッジ・レシオは**3倍程度**あれば財務的には合格点といわれています。したがって、ＳＢＧは２０１９円３月まではまずまず返す力があったことになります。営業利益も高水準で、借金するだけの甲斐性があったということです。

ただし、ＳＢＣはキャッシュ化される利益ではないファンドの評価益があるので、支払利息を払う原資として適当かは少し疑問が残ります。

そのため、分子を営業キャッシュ・フローに変えて行ったものが＊印のついたインタレスト・カバレッジ・レシオです。こちらで見ると、２０１９年３月には１・８とかなり危険水位になっていることがわかり、２０１９年９月はかなり危ないラインになっていました。

では次に、中長期的な指標である債務償還年数を見てみましょう。これは生み出すキャッシュ（営業キャッシュ・フロー）を使って、借金を何年くらいで返せるかを示します。これで見ると２０１９年９月では21年以上かかることになっています。債務償還年数は**10年以内**が妥当な年数といわれています。ただし、ＳＢＧ＊11

＊11　半期決算のため注意。

の場合は含み益を抱えた株式を持っていて、子会社も含めた価値は30兆円程度（2020年1月現在）とされています。そのため十分な返済原資を持っているという評価がされているのかもしれません。

ちなみにSBGは純負債保有株比率という指標を公表しています。これは、純額の有利子負債を保有株式の時価で割ったものです。SBGの主張としては、負債が多くても保有株だけで十分返済できるということなのでしょう。この比率は執筆時点で15％（2020年1月23日）とかなり余裕があります。でも逆にいえば、もし株価が大幅に下落したら大変です。

したがって前述した格付けでは、米ムーディーズがBa1[*12]、米S&PがBBプラス[*13]と、海外の格付会社は極めて厳しい評価をしています。一方、日本格付研究所（JCR）がAマイナス[*14]としており、このあたりにも格付会社により特色が出ています。

＊12　投機的と判断され、相当の信用リスクがある債務に対する格付。

＊13　他の「投機的」格付に比べて当該債務が不履行になる蓋然性は低いが、債務者は高い不確実性や、事業環境、金融情勢、または経済状況の悪化に対する脆弱性を有しており、状況によっては当該金融債務を履行する能力が不十分となる可能性がある。

＊14　債務履行の確実性は高い。

コラム　微妙に違う「格付会社目線」

格付会社とは「企業が発行する社債などに関して、償還されない可能性(債務不履行のリスク)の程度を、アルファベットの簡単な符号を用いて投資家に提示」する民間の会社です。ムーディース、スタンダード・アンド・プアーズ(S&P)、フィッチの3社が国際的には三大格付機関とされ、日本では日本格付研究所(JCR)と格付投資情報センター(R&I)の2社が営業を行っています。

この簡単な符号の目安では、A→B→Cの順に財務状態が悪くなっていき、数が多い方が財政状態は良好であることを示します。例えばAA(ダブルA)よりAAA(トリプルA)の方が良いと判断されます。

また、BBB以上を投資適格、BB以下は投機的という表現をしています。「投機的」という言葉からはいかにもリスクの高い危ない会社に思えますが、S&Pグローバル・フィクスド・インカム・リサーチ発表の日本の発行体の累積平均デフォルト率(事業会社、1981～2018年、%)

によると、3年後のデフォルト率はBBBで0・96％、「投機的」なBBでも2・06％です。つまり、「投機的」とされてもよほどの会社でなければ借金を返さない（社債を償還しない）などという事態にはならないということです。

一般的に銀行は安全性・収益性・流動性・成長性・生産性を比較的バランスよく見つつも、広義の安全性（安全性と流動性）を重視します。一方の格付会社は、デフォルト（債務不履行）するかどうかの判定ですから、狭義の安全性と収益性の2つの比重が高いといえます。ここでいう収益性の重視とは、社債を償還するための原資、つまり利益が重要ということです。

このように、同じ「返済力」を見るにも、銀行と格付会社では少し視点が違うことがわかるでしょう。

第3章

経営者目線で収益性・成長性を見る

売上に対する比率を見るポイント

どの経営者も、まず気にしているのが売上高でしょう。とりわけ、同業他社の売上高比較は気になるところです。

よく売上高を比較される業界に自動車業界があります。一時は「400万台クラブ（400万台を販売できない企業は淘汰される）」などという言葉がひとり歩きをしたくらい、売上とその元になる販売台数は注目されています。[*1]

一方で、他社比較だけでなく、年間の売上の推移も気にかかるところです。

GMは2006年まではトヨタとほぼ同じ程度の売上でしたが、リーマンショックにかけて坂を転げるように業績が悪化し、リーマンショック後に破産法申請にまで至ったことは記憶に新しいでしょう。その後のGMは、どちらかというとあまり量は追わない戦略に移行しているようです。トヨタはリーマンショック

*1 売上高はフォルクスワーゲンが30・7兆円で1位、トヨタ自動車が30・2兆円で2位です（出典：Automotive Jobs 2018年世界自動車売上高ランキング）。

の影響は多少受けましたが、全般としては売上も順調に推移しています。

このように売上トレンドを見ることでその企業の戦略の方向性が何となく見えてくるところがあります。

もっとも、売上が大きければ万事が良いわけではもちろんありません。たしかに売上金額は大切ですが、それよりも売上を中心とした比率や、期間比較、同業他社比較などで考えていくことが大事でしょう。つまり「効率的に利益を上げているか」の指標がポイントになるわけです【3－1】。

3-1
売上を見るポイント

金額

×

比率

×

期間比較

×

同業他社比較

売上を中心にした比率とは

売上高を中心とした指標としては、次の3つの指標が重視されています。

- **売上高営業利益率　＝本業の利益率がどの程度か**
- **売上高経常利益率　＝本業のほかに、財務戦略、投資戦略などを加味した総合的な利益率はどの程度か**
- **売上高純利益率　　＝結果としての利益率はどの程度か**

損益計算書で示すと33ページのようになります。

あくまでも私見ですが、日本企業が重視する順序は、売上高営業利益率＞売上高経常利益率＞売上高純利益率である一方、欧米企業は、売上高営業利益率＜売上高経常利益率＜売上高純利益率の傾向があります。

日本の場合は「本業でどれだけ儲けているか」が経営成績をはかる際に重視されているのに対し、欧米はどれだけ「株主を儲けさせているか」が重視されている傾向があることに違いがあります。そもそもＩＦＲＳ（国際会計基準）の財務諸表には明確な経常利益と営業利益の区分はないですし、純利益も時価評価などの結果を反映させた包括利益の方が重視され、純利益（Net Income）は日本でいう包括利益を指します。

また営業利益率ですが、これは業界によって差があります。簡単にいえば儲かっている業界とそうでない業界があるわけです。**3－2**は1社あたり平均の業種別売上高営業利益率を示したものです。

代表的な産業としては製造業が5～6％、小売・飲食業が2～3％、卸売業が2％弱といった指標イメージを持っておくと良いでしょう。[*2]

＊2　鉱業、砕石業、砂利採取業がなぜこれほど利益率が高いのかはやや違和感がありますが、おそらくサンプル数が少ない等の問題があるのではと想像します。

3-2　産業別の売上高営業利益率

業種	売上高営業利益率（%）
鉱業、採石業、砂利採取業	19.9
製造業	5.5
電気・ガス業	4.4
情報通信業*	7.4
卸売業	1.9
小売業	2.8
クレジットカード業、割賦金融業	11.2
物品賃貸業	4.7
学術研究、専門・技術サービス業	4.0
飲食サービス業	3.7
生活関連サービス業、娯楽業	9.6
個人教習所	3.2
サービス業	6.6

＊情報通信業のうち、「インターネット附随サービス業」が19.9%と突出して売上高営業利益率が高いことがわかります。

業種	売上高営業利益率（%）
情報通信業	7.4
ソフトウェア業	5.8
情報処理・提供サービス業	8.2
インターネット附随サービス業	19.9
映画・ビデオ制作業	7.4
新聞業	3.0
出版業	2.4

（経済産業省　平成30年企業活動基本調査速報　平成29年度実績）

さて、この売上高営業利益率ですが、具体的には下記の関係が成り立ちます。

◆売上高営業利益率＝売上総利益率（粗利）－売上高販管費率

第1章で述べたように、きちんと一定以上の売上高営業利益率を上げるためには、それぞれに取るべき戦略が変わってきます。

この式からもわかる通り、価格勝負をしている売上総利益率の低い業界は、一般的に低い売上高販管費率で、つまり「小さな本社」でしのいでいかねばなりません。一方、粗利の高い業界は高水準の粗利を保つために、広告費などのプロモーション費用や人件費をかけて丁寧に説明する、または研究開発費などをきっちりかけることで画期的な商品サービスを生み出すなど、「大きな本社」を志向していくことになり、一般的に売上高販管費率は高くなります。

このあたりが中途半端だと、低い粗利のわりに高い販管費率になってしまうといった典型的な負け組企業になってしまいます。[*3]

＊3　ただし、中にはファナックやキーエンスのように、高い粗利を小さな本社で保っていくという〝両方〟を目指すというのも不可能ではありません。

売上高経常利益率

売上高営業利益率と売上高経常利益率との違いは、後者には財務戦略と主として自社グループを形作る投資戦略が加わることにあります。したがって、もともと本業中心で、自己資本で手堅く事業を展開している企業などは、ほぼこの差はありません。

一方、さまざまな財務手法を駆使して手広く投資している企業などはこの部分で大きく変動します。代表的な例としてソフトバンクグループ㈱を取り上げます。2018年、19年とも大きく売上高営業利益率と売上高経常利益率に差異があります【3－3】。

要因としては、巨額の借入金があり、その金利費用がかなり大きいことが挙げられます。また、投資活動で幅広い通貨でさまざまな資産を持っていますから、

3-3　売上高経常利益率（ソフトバンクグループ㈱の例）

	2018年3月	比率	2019年3月	比率
売上高	9,158,765	100%	9,602,236	100%
売上原価	△5,527,577		△5,747,671	
売上総利益	3,631,188		3,854,565	
販売費	△2,552,644		△2,786,674	
その他利益	225,277		1,286,040	
営業利益	1,303,801	14%	2,353,931	25%
財務費用	△516,132		△633,769	
金融取引損益	△630,258		196,673	
為替差損	△34,518		11,145	
持分法投資損益	404,584		316,794	
ファンド持分変動	△160,382		586,152	
その他	17,535		32,680	
経常利益 *	384,630	4%	1,691,302	18%

＊決算短信では「税引前利益」になっていますが、重要な特別損益項目がないため、「経常利益」にしています。

（2019年度決算短信より一部著者改編、単位：百万円）

デリバティブ取引も多く、こういった財務取引に伴う損益が影響しています。

さらに、ファンドを通じた投資活動を行っていますから、こういった投資活動によっても大きな変動があります。

したがって、こういった財務戦略や投資戦略の巧拙を反映するものとして、売上高経常利益率は大切な指標といえるのです。

売上高純利益率

これは最終的な利益である当期純利益の売上に対する割合を表す指標です。つまり、いかに効率的に株主の配分の原資である最終利益をたたき出しているかを表します。ここでは東京電力ホールディングス㈱の例を見てみましょう【3－4】。

東京電力は東日本大震災後に巨額の賠償負担が生じたため、2012年3月期に約2兆5200億円、2013年に1兆1600億円もの特別損失（原子力損害賠償費）を計上しています。一方で原子力損害賠償機構資金交付金という形で2012年に約2兆4200億円、2013年約7000億円の補填を受け、これを特別利益として計上しています。*4

これは、まず損害賠償費総額を見積もり、その毎年の見積もりを損失として計上し、その損失部分の補填の申請額を利益として計上したものです。その結果、

*4 この部分は原子力損害賠償資金交付金という特別利益の形で損益計算書上補填がされています。

3-4　売上高純利益率（東京電力HD㈱の例）

	2012年	2013年	2014年	2015年	2016年	2017年	2018年	2019年
経常利益＊1	△4,027	△3,182	1,010	2,075	3,255	2,271	2,540	2,768
原子力損害賠償機構資金交付金	24,262	6,968	16,657	8,685	6,998	2,942	3,820	1,598
その他の特別利益	906	2,171	1,581	192	733	364	0	0
災害特別損失	△2,978	△402	△267	0	0	△193	△213	△269
原子力損害賠償費	△25,249	△11,620	△13,956	△5,959	△6,787	△3,920	△2,868	△1,510
その他の特別損失	△451	△466	△399	△203	△2,333	0	0	0
税金前調整前当期純利益	△7,357	△6,530	4,626	4,790	1,866	1,464	3,278	2,586
法人税等	△229	△286	△198	△241	△443	△133	△95	△260
当期純利益＊2	△7,766	△6,817	4,428	4,549	1,423	1,331	3,183	2,325

＊1　渇水準備引当金等調整後
＊2　非支配株主持分損益調整前

（有価証券報告書より抜粋、単位：億円）

２０１４年からは東京電力の当期純利益は黒字です。この原子力損害賠償機構資金交付金の主な原資は、国が政府保証債やシンジケートローンなどで調達していますから、国民の税金で補填されていると考えられます。

これはやや極端な例ですが、東京電力は国民の税金の投入によって当期利益の黒字を保っているわけですから、この売上高純利益率を見て経営者が株主に対する責任を忠実に履行していると判断するには無理があります。

つまり売上高純利益率という指標は、場合によっては歪んだものになっている可能性があり、注意が必要なのです。

業種によって注意すべき指標

ここからは業界特有のもので、経営陣が大切にしている指標をいくつか例を挙げてご紹介しましょう。

製薬業界

代表的な例が製薬業界の研究開発費です。以下はスイスに本拠地がある世界最大の製薬会社Ｒｏｃｈｅ（エフ・ホフマン・ラ・ロシュ）と日本最大の製薬会社（世界16位）である武田薬品工業㈱を比べたものです[*5]。

3－5ではＲｏｃｈｅと武田を比較しています。売上規模で見ればまだ3倍売上の開きがあり、当期純利益に至ってはＲｏｃｈｅが約1・5兆円をたたき出す

＊5　武田はアイルランドの大手製薬会社シャイアーを2018年に約

3-5　製薬業界で注意すべき指標

	Roche	比率	武田薬品	比率
売上高	6,761		2,097	
当期純利益	1,552	23%	109	5%
研究開発費	1,287	19%	368	18%

（単位：十億円）

1スイスフラン110円換算
Eocheは2019年12月、武田薬品は同年3月

一方、武田は約１０００億円と、利益率に大きな差があります。

ただ、ここで注目したいのは研究開発費です。もともと薬の開発には多額の研究開発費がかかります。たしかにＲｏｃｈｅと武田の間には利益率に大きな差がありますが、売上高研究開発費比率は武田が18％と、Ｒｏｃｈｅの19％と比べても遜色がありません。

もちろん規模が違うため、Ｒｏｃｈｅの約１兆２８００億円に対し武田は３６００億円と、金額ベースでは大きく水をあけられています。

このように会社の規模によって投じられる研究開発費が決まってしまい、それによって画期的な薬を世に出すこ

6兆8千億円で買収しています（買収完了は2019年1月）。製薬業界ではグローバルの大型買収が相次いでいます。

3-6　研究開発費と売上高研究開発費比率の推移①

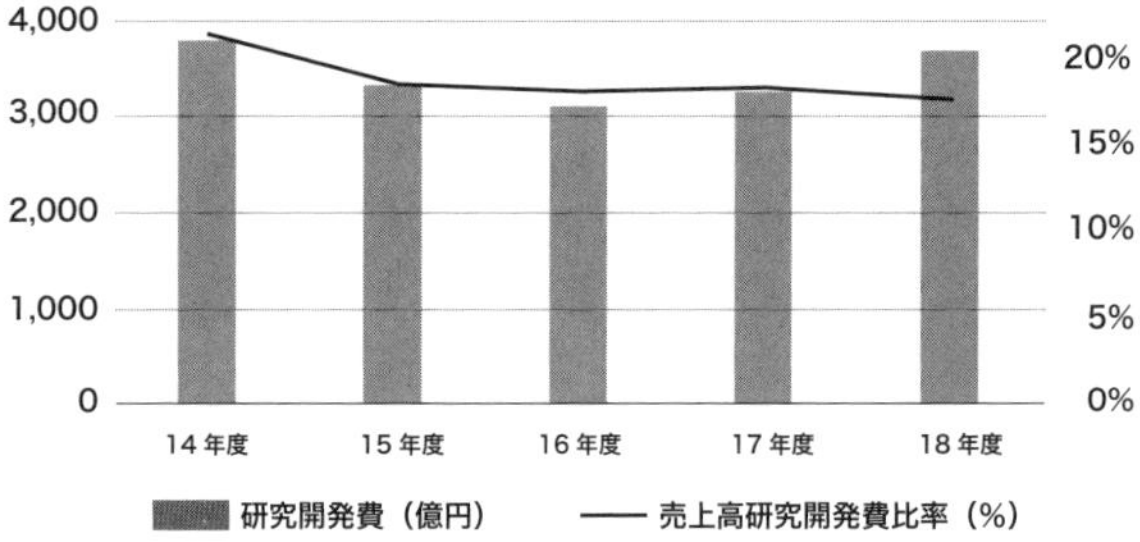

	2014年度	2015年度	2016年度	2017年度	2018年度
売上収益	17,778	18,074	17,321	17,705	20,972
研究開発費	3,821	3,358	3,123	3,254	3,683
営業利益	△1,293	1,308	1,559	2,418	2,050
売上高研究開発費比率	21%	19%	18%	18%	18%

（武田薬品の決算資料より筆者加工、単位：億円）

3-7　研究開発費と売上高研究開発費比率の推移②

	2018年	2019年	前年比
売上収益	13,800	25,195	83%
研究開発費	2,289	3,531	54%
売上高研究費比率	17%	14%	
営業利益	2,844	1,625	△43%

2018年、19年ともに第３四半期累計

（武田薬品の決算資料より筆者加工、単位：億円）

とができるか否かもある程度決まってしまうのがこの業界です。そのためにM&Aが盛んになるというわけです。

このM&A以前と以後の武田の期間比較をしてみましょう【3-6】。

売上高研究開発費比率は２０１４年度こそ21%と高かったものの営業利益は赤字に沈み、翌年度から経費削減でしばらく研究開発費もピーク時より20〜30%減少しました。しかし18年度のシャイアー買収を機に、売上高研究開発費比率は少し低下したものの、研究開発費の金額（第３四半期まで）は前年同期比54%と大幅な増加をしました【3-7】。

つまりこの買収は、会社の規模を大

きくして研究開発費を確保するというのが1つの狙いだったことがわかります。

このように製薬業界では、売上高研究開発費比率と研究開発額が大変重要な指標となるのです。

飲食業界

飲食業界で重要な指標とされているものにＦＬ比率というものがあります。これは、売上に対するＦ（ＦＯＯＤ＝食材原価）とＬ（Ｌａｂｏｒ＝人件費）の合計の割合です。この指標を60％以内に抑えないと、一般的な飲食業は利益を上げるのが難しくなってくるとされる指標です。

しかし60％超のＦＬ比率でも事業を拡大している業界があります。それが牛丼業界です。牛丼といえば吉野家（㈱吉野家ホールディングス）、松屋（㈱松屋フーズホールディングス）、すき屋（㈱ゼンショーホールディングス）の3社が思い浮かびますが、それぞれに違った特色があります。まずは松屋の決算資料を見てみましょう【**3－8**】。

眼を引くのは業績の安定度とＦＬ比率の推移です。特に外食産業は人件費の高

3-8　飲食業界で注意すべき指標①

（単位：百万円）

	2015年3月期	2016年3月期	2017年3月期	2018年3月期	2019年3月期
売上高	81,104	83,947	89,039	93,006	98,158
売上総利益	53,267	56,420	60,809	62,720	65,931
売上高比率	65.7%	67.2%	68.3%	67.4%	67.2%
営業利益	2,145	3,685	4,831	4,119	3,884
売上高比率	2.6%	4.4%	5.4%	4.4%	4.0%
経常利益	2,194	3,771	5,063	4,375	4,182
売上高比率	2.7%	4.5%	5.7%	4.7%	4.3%
当期純利益	645	1,619	2,836	2,380	2,197
売上高比率	0.8%	1.9%	3.2%	2.6%	2.2%
FL比率 ※1	68.1%	67.3%	66.6%	67.6%	67.0%

（㈱松屋フードHDの業績資料より抜粋）

3-9　飲食業界で注意すべき指標②

	2018年２月	2019年２月
売上	198,503	202,385
売上総利益	12,8912	129,581
営業利益	4,019	104
経常利益	1,502	1,350
当期純利益	1,475	△ 6,054
FL 比率	67.4%	68.9%

（㈱吉野屋HDの有価証券報告書より筆者作成、
FL比率は一定の仮定のもと筆者算出）

3-10　飲食業界で注意すべき指標③

	㈱ひらまつ	比率	㈱松屋フーズHD	比率
売上	10,949		98,158	
食材原価	4,574	41.8%	32,227	32.8%
人件費	1,622	14.8%	33,539	34.2%
FL比率	6,196	56.6%	65,766	67.0%

（有価証券報告書より抜粋、単位：百万円）

騰により苦しんだはずです。２０１８年３月期こそ少しＦＬ比率が上がりましたが、なんとか67％台をキープして２０１９年３月期にはまたＦＬ比率を低下させています。松屋は非常にＦＬ比率を重視していると社長自らが述べており自主開示もしています。このような巧みなＦＬ比率のコントロールが安定した業績につながっているといえます。

一方、吉野家は売上規模としては松屋の約２倍ですが、利益水準を見ると松屋の後塵を拝しています【3－9】。

２０１９年２月期には約60億円の最終損失となりました。１つの要因として見られるのはＦＬ比率が１％以上上昇してしまったことにあります。吉野家は超特盛りやライザップとの協業メニューなど、ユニークな商品企画には強みがありますが、コストコントロールということ意味では松屋に及ばないところがあるのではないかと考えられます。

ちなみに、松屋や吉野家は薄利多売ですので、同じ飲食業界でも高級フレンチの㈱ひらまつとはＦＬ比率の構造がかなり異なります。松屋とひらまつのＦＬ比率をＦ（食材原価）とＬ（人件費）に分解して見てみましょう【3－10】。

ひらまつの場合は高級食材を取り扱う関係上食材原価比率が高くなっていますが、高付加価値なものを提供しているため人件費率は低くなり、その結果ＦＬ比率は目安とされる60％以内を確保しているわけです。一方の松屋はかなりギリギリの価格設定のため人件費率が30％を大きく超えている状況にあります。

セグメント別に見る

3−11は富士フイルムホールディングス㈱のセグメント情報に記載された情報を時系列にグラフにしたものです。この推移を見ると、選択と集中の歴史がわかります。ここではイメージングソリューション（IS部門）はカメラ・フィルムなど、ヘルスケア&マテリアルソリューションズ（HM部門）は医薬品・化粧品・サプリ・医療システム機材など、ドキュメントソリューション（DS部門）はコピー機関係を指しています。

富士フイルムは2000年度の時点でDS部門はなく、IS部門が約7400億円、HM部門が6400億円を占め、当時の稼ぎ頭はIS部門でした。デジタルカメラが登場して徐々に高性能低価格化が進み、2002年にはついにフイルムカメラとデジタルカメラの出荷台数が逆転します。[*6] そこで2001

＊6 カメラ映像機器工業会資料より。

3-11　セグメント別売上（富士フイルムHD㈱の例）

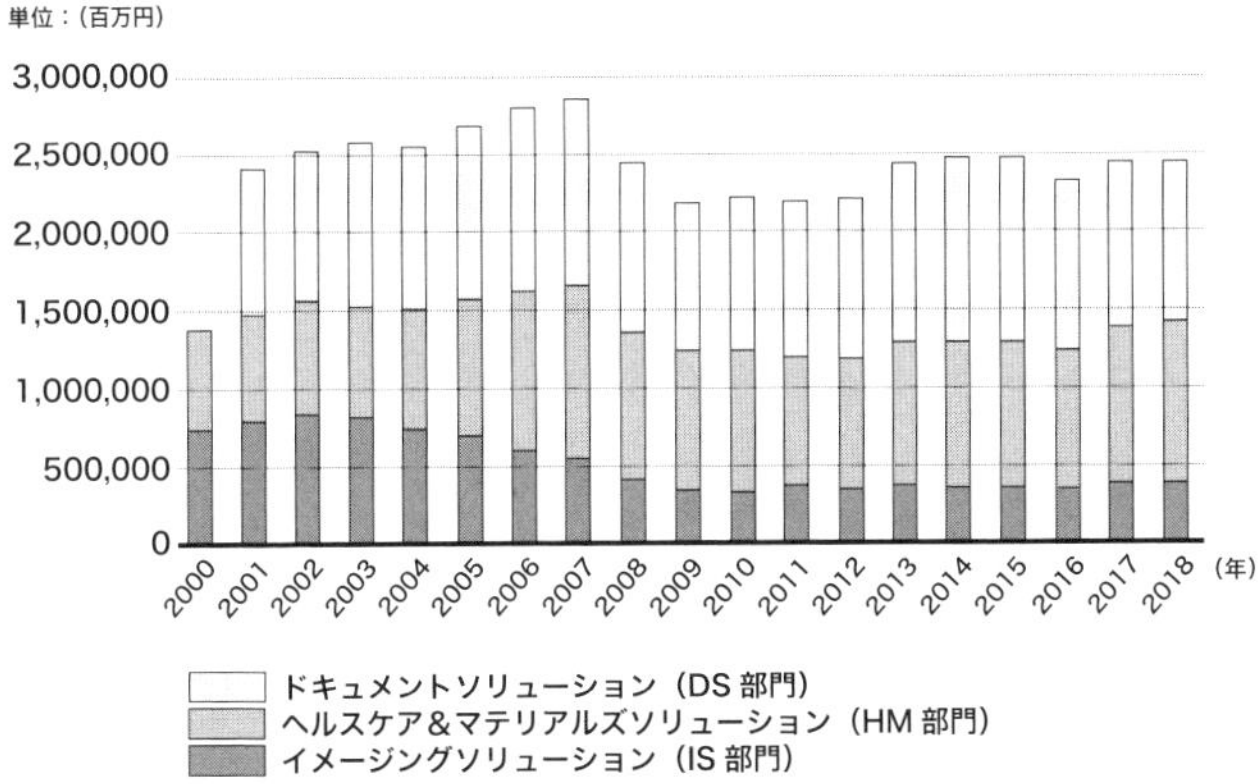

（有価証券報告書セグメント売上より筆者作成、内部売上含む）

年3月に行われたのが富士ゼロックスの連結子会社化です。[*7] これにより2001年度よりDS部門が加わり、DS部門の約9400億円の売上高が全体の約39％を占め、主要部門の筆頭になりました。

　ところが2003年頃からは高性能のカメラ付き携帯電話が発売されるようになり、IS部門の縮小が始まりました。2002年度の約8300億の売上を

＊7　発行済株式を25％取得しました。

ピークに減り続け、2016年には約3400億円にまで縮小しています。このフイルムやカメラの需要減に対応できなかった米の名門企業イーストマン・コダックは2012年チャプターイレブン（連邦破産法11条）を申し立て事実上倒産しました。

一方富士フイルムのDS部門も2007年の1兆2千億円をピークに世界的な印刷需要の頭打ちとキヤノンやリコーなどとの競争激化により減少が始まり、2012年度には8200億円にまで落ち込みました。

ここで強化したのがHM部門です。2008年3月には製薬会社である富山化学工業、その後も英MSD Biologicsやジャパン・ティッシュ・エンジニアリングなどのバイオテクノロジー企業を次々と買収、2000年に約6400億円程度だったHM部門は2018年度において1兆円を超える売上を計上するようになりました。

このようにセグメント別に企業を見ることによってその企業の選択と集中の方向性を見ることができるわけです。

管理会計視点の利益（EBITDA）

ＥＢＩＴＤＡ[*8]とは支払利息、減価償却控除前税引前利益の略で、「イービットダー」などと発音されることが多いです。通常は経常利益＋支払利息＋減価償却費で計算します。一般的には業種や国によって左右されない純粋な収益力を見る場合に使われます。例えば法人税の実効税率を見た場合、Ｇ７各国でも税率の差があるからです。

また減価償却費は、新しい設備を常に導入している企業は古い設備で償却が終わっている、または設備投資をしない企業に対し、減価償却分だけ利益が低くなります。加えて、国際的に公表財務数値は日本を除くと定率法の償却は主要他国ではほとんどなく、原則定額法なので値はずいぶん異なります。例えば10億円の機械投資（耐用年数５年）をした場合、定率法と定額法は以下のように異なりま

＊8 Earnings before Interest, Tax, Depreciation and amortizationの略。

す（期首取得1年目の場合）。

定率法　10億円×40％＝4億円
定額法　10億円×20％＝2億円

支払利息も、資金を借入するか資本市場から調達するかによって利益額が変わってしまいます。加えて、金利水準も国によって異なります。

経営者目線で業種や国によって左右されない純粋な収益力を見るケースは、とりわけ企業買収（M&A）です。M&Aが多いことで有名な日本電産㈱の永守会長兼CEOは、EV/EBITDA倍率（企業価値÷EBITDA）が10倍未満でないと買収しない明言しています。そのため、M&Aの業界でもEV/EBITDA倍率が10倍を超えると割高といわれるようになっています。なおここでいう企業価値は、要するに「実質的なM&Aの際の買値」という理解で良いでしょう。

EBITDAは、概念的には営業キャッシュ・フローに近いものです。そのためEV/EBITDAは投資や財務活動を除いた通常の営業活動をやっていった場合、何年で買収に投じた資金を回収できるかを表すのです。つまり10倍ということは、約10年で回収できるということです。

ただし、EV/EBITDA倍率がM&Aの世界において決定的なものなのかというと必ずしもそうではありません。日本電産も本当にEV/EBITDA倍率が10倍を超える案件がないのかは公開資料を見た限りでは定かではありません。

ここでほぼ同じ時期に大型買収を行っている2つの企業のEV/EBITDA比率を見てみましょう。サントリーホールディングス㈱による米蒸留酒最大手ビーム社の買収と、日本郵政㈱による豪トール社の買収です。

サントリーは2014年1月に、日本郵便は2015年5月に、それぞれ160億ドル（約1兆6500億円）、約6・5億豪ドル（約6200億円）で買収しました。ビームのEBITDAは2013年9月のLTM（2013年9月までの1年間）ベースで7・6億ドル、トールのEBITDAは0・7億豪ドルでした。

それぞれのEV/EBITDA倍率はビームが約21倍、トールが約9・2倍です。このうちサントリーが買収したビーム社を主体とした会社は毎年増収で、サントリーの業績拡大に大きく貢献しているようです。一方、トール社の方は業績不振で、2017年4月には約4000億円の減損計上となりました。

EV/EBITDA倍率のEBITDAは過去の数字であり、買収後の将来を表すものではありません。[*9]

日本電産も買収後の「請求書を1円単位で永守会長自身が眼を通す」といった強いコントロールが実は大切であって、EV/EBITDA倍率は1つの単なる目安でしかないのかもしれません。

---

*9 この明暗を分けたのは、サントリーは新浪社長が旗を振って現場に出向く、サントリー大学を創立して交流を図る、強いリーダシップをとってガバナンスにも強く関わるといった効果が出た一方、日本郵便の場合はトール社のつぎはぎだらけのオペレーションをそのままにしておくなど、PMI（買収後統合）の巧拙にあったといえるでしょう。

生産性指標

生産性指標について、経営者の視点として使われるのは**1人当たり売上高**（売上高÷従業員数）や、**労働生産性**（付加価値÷従業員数）でしょう。

ただし、この値を使用するにあたって曲者なのは**従業員数**です。単純に「従業員数」を当てはめると、例えば1人の正社員の仕事を2人のパートやアルバイトでカバーしようとすると生産性の指標は下がってしまいます。そこで出てくるのが**FTE**[*10]です。日本語だと「1日8時間換算の人員数」などと表現しています。

特に小売りや飲食などはパート従業員数が多いので、そのままの人数だとあまり意味のない数字になってしまいます。そこで、**3-12**の㈱ビックカメラのように1日1人8時間換算で表しています。

例えば、1日2時間働くパートが3人いたとすると、この場合3人ではなく2

*10　Full Time Equivalentの略。

3-12　生産性指標①（従業員数の例）

5【従業員の状況】

(1) 連結会社の状況

セグメント情報を記載していないため、部門別の従業員数を示すと次のとおりであります。

2019年８月31日現在

部門の名称	従業員数（人）
営業部門	8,212　(7,758)
管理部門	530　(　194)
合計	8,742　(7,952)

(注) 1.　従業員数は、当社グループから当社グループ外への出向者を除き、当社グループ外から当社グループへの出向者を含む就業人員数であります。

2.　臨時雇用者数（アルバイト、派遣社員を含む）は、最近１年間の平均人員（１日１人８時間換算）を（　）外数で記載しております。

3.　管理部門は、総務部門、経理部門及び物流部門等に所属している従業員であります。

（㈱ビックカメラの2018年度有価証券報告書より抜粋、下線筆者記入）

（時間）×３（人）÷８（時間）＝０・75人と数えるわけです。したがって、外食産業などではそれぞれの店で人時《にんじ》売上高を重要視していることが多いです。これは店舗の月間売上高÷月間総労働時間です。

次は付加価値ですが、これはわかりにくい概念です。簡単にいうと、売上から「外部購入費」を引いた値が付加価値です。財務諸表を見ると、小売や飲食などは売上原価がほぼ外部購入額に近いですが、製造業だと製造原価に労務費や製造間接費が入っているのでそれを除かないといけません。

3-13　生産性指標②（産業別　名目労働生産性）

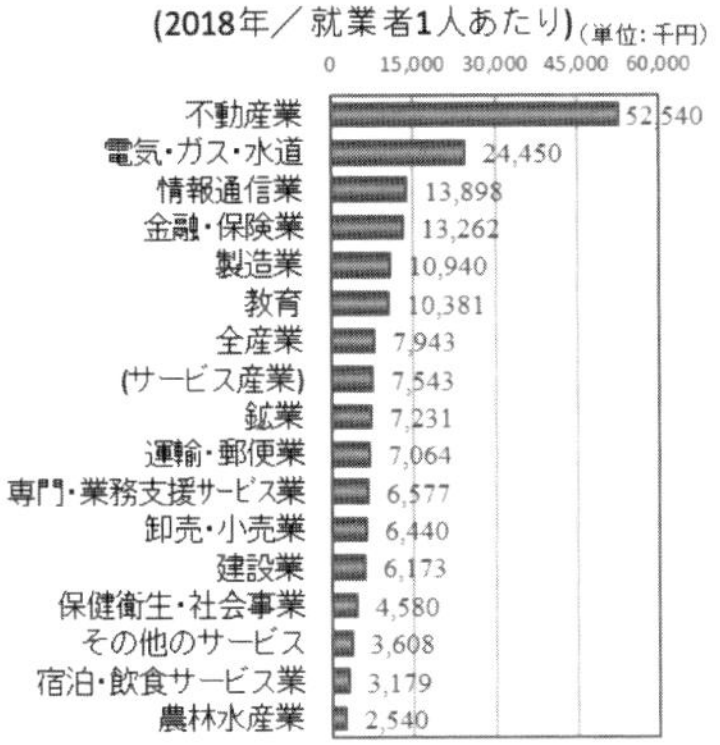

（日本生産性本部　2018年／就業者1人あたり　単位：千円）

さて、この労働生産性が低いことで目立つ業種が宿泊・飲食サービス業です【3－13】。

こうした中、労働生産性の改善で目覚ましい成果を上げているのが回転ずし業界でしょう。ここでは、その先端を走っているといわれる㈱スシローグローバルホールディングスを取り上げます。

スシローは、宿泊・飲食サービス業の平均318万円を大幅に上回る労働生産性を実現し、さらに年を追ってその値を上昇させているのです。グラフで見るように労働生産性は毎年上昇

3-14　生産性指標③（㈱スシローグローバルHDの例）

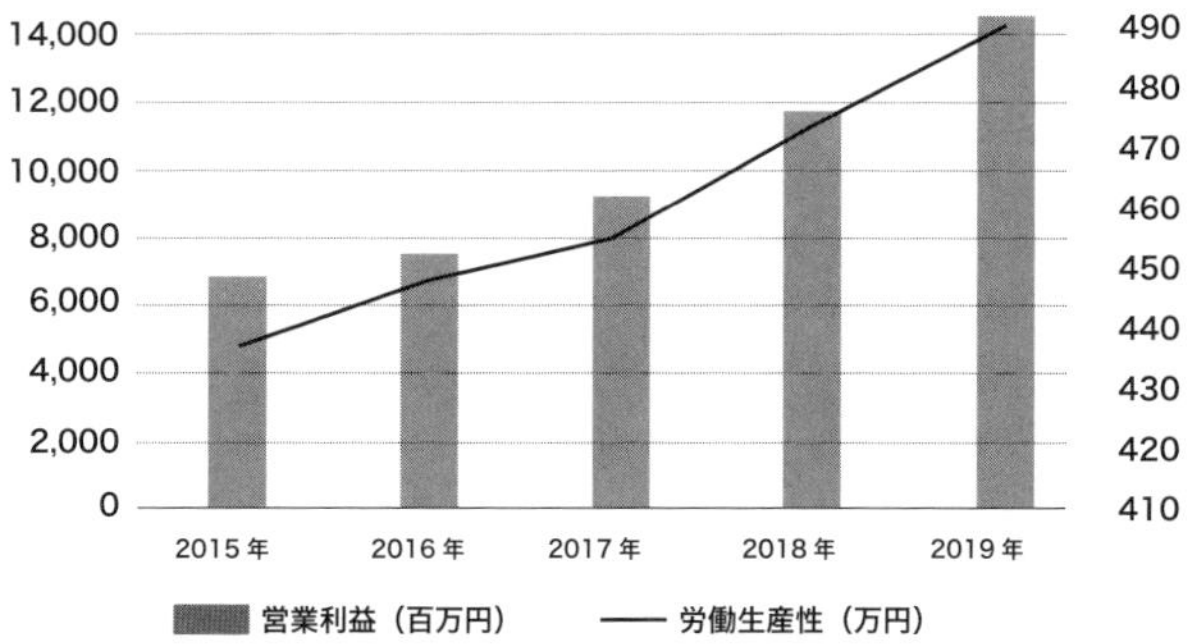

労働生産性は売上総利益を付加価値の近似値として用いています

（有価証券報告書をもとに筆者作成）

し、増収増益を続けています【3-14】。

スシローをはじめとする回転ずし業界はネタが命の部分もあってもともと原価率は高めですが、すしロボット、タッチパネル注文、回転レーン、ICチップを使った皿の数カウントなど労働生産性の向上に継続的に取り組んでいます[*11]。このあたりが数字にもきっちり表れています。2019年の元気寿司との経営統合の取りやめについても、統合による原価の低減よりも、オペレーションの違いによる労働生産性の悪化の恐れが背景にあったようです。

＊11　最近ではセルフ受付、画像認識による自動皿会計システム、セルフレジでの自動精算、自動持ち帰りロッカーを備えた店舗をオープンさせるなど、あくなき労働生産性改善は続いているようです。

損益分岐点

使用期限切れチキンや異物混入などで苦しんでいた日本マクドナルドホールディングス㈱の復活は話題を呼びました。

数字を見れば２０１５年12月期を底にＶ字復活を遂げています。この復活の要因は何だったのでしょうか。

メディアではカサノバ社長の現場主義による店舗の改善や商品・マーケティング戦略が取り上げられることが多いようです。本書では少し視点を変えて財務的な面を見ていきます。

注目すべきは、２０１４年12月期と16年12月期の売上がほぼ一緒なのに、経常損益が正反対になっていることです。これはなぜなのでしょうか【3－15】。

3-15　日本マクドナルドHD㈱の業績V字回復の軌跡

	2011年	2012年	2013年	2014年	2015年	2016年	2017年	2018年
売上	302,339	294,710	260,441	222,319	189,473	226,646	253,640	272,257
経常損益	27,612	23,770	10,236	△7974	△25,898	6,614	19,718	25,644

売上はほとんど同じなのに
経常損益は正反対の結果に

V字回復

（有価証券報告書より筆者作成、単位：百万円）

これを解くカギは損益分岐点分析にあります。

そもそも利益とは、売上高から費用（変動費と固定費）を差し引いた残りによって算出されます。

売上の増減にほぼ比例して増減する費用が変動費、売上の増減にかかわらず発生する費用が固定費です。

この固定費と変動費を足したものが総費用で、売上が総費用より多ければ利益が出ることになります。

マクドナルドの業績を見てみると、実は２０１１年から15年までと、16年から18年まではコスト構造が明らかに異なっています。そのために、２０１４年と16年の売上はほぼ同じにもかかわらず、経常損益でこれだけの違いが出ているのです。

大きな要因は**固定費**の削減です。大まかな分析だと、約248億円の固定費を削減させたことで、損益分岐点売上高は302億円下がっています。つまり固定費を削減したことにより、確実に利益が出る体制になったわけです。商品開発や・マーケティング戦略の裏で、地味だが効果があるコスト構造の変革が行われていたのですね。

具体的な施策としては、不採算店舗の閉鎖が挙げられます**【3－16】**。採算の悪い店舗を閉鎖して固定費を下げ、既存の店に対してはリモデルつまり改装をしています。マクドナルドの場合、店舗は借りていますから、店を開いている限り固定費がどんどんかかっていきます。一方改装の出費は1回出ていったきりでその後はキャッシュの流出がありません。改装費は減価償却費として計上されるものの、おそらく償却期間は20年を超えると思われ、損益計算書に与える影響は、不採算店閉鎖による家賃負担の軽減と比べてもはるかに小さいと思われます。

もう一点大事なのが従業員数の推移です**【3－17】**。これも2012年の約2800人から17年には2200人と、20％を超える削減を行っています。不

3-16　日本マクドナルドHD㈱の店舗数の軌跡

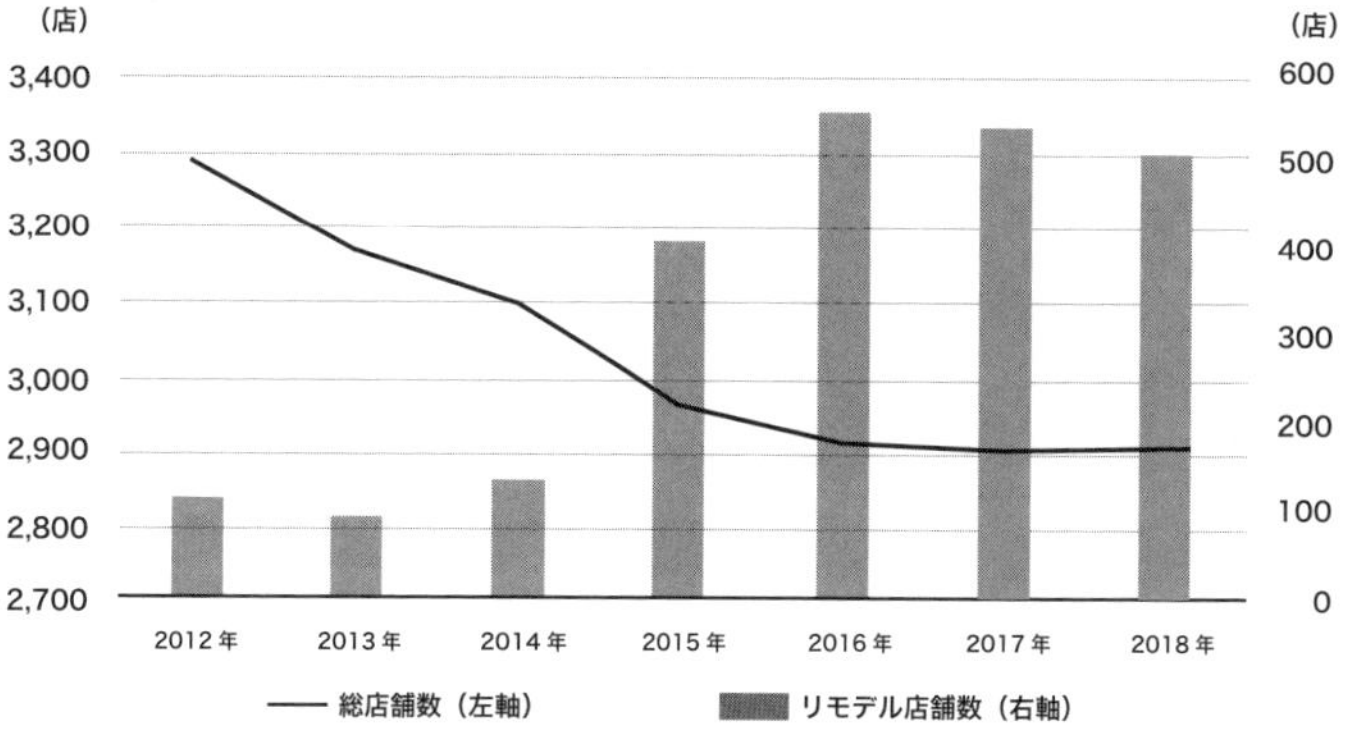

3-17　日本マクドナルドHD㈱の従業員数の軌跡

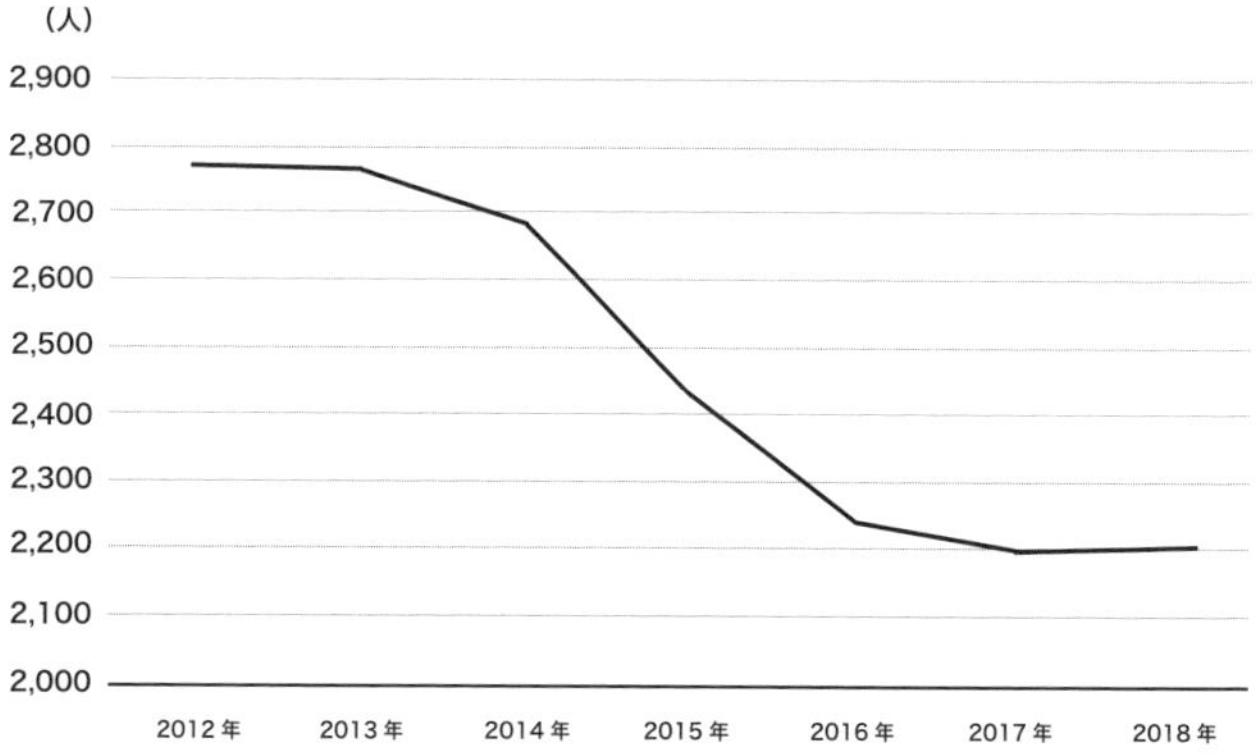

採算店舗の閉鎖とそれに応じた従業員の削減といった一般的なリストラを実行する一方、店舗の改装や商品開発といった攻めも同時に行なわれているのが特徴でしょう。

一方、**変動費**の方はどうだったのでしょうか。

おそらくマクドナルドの場合、明らかな変動費は材料費（食材費）でしょう。無駄な廃棄がない限りは基本的に売上に応じて変動します。

そして固定費の典型が家賃です。人件費は微妙なところで、本社社員などは固定費ですが、特に店舗にいるアルバイトなどの労務費は変動費に近い性質を持っています。マクドナルドなどの飲食業では、人件費はその内容によって変動費と固定費両方の性質を持っているわけです。

これらの固定費と変動費を足したものが**総費用**で、売上が総費用より多ければ利益が出ます。

3－18のグラフを見てください。コスト構造が変わって固定費が低くなれば、より低い売上でも利益が出ることがわかります。この総費用と売上が一致して損益

3-18　損益分岐点

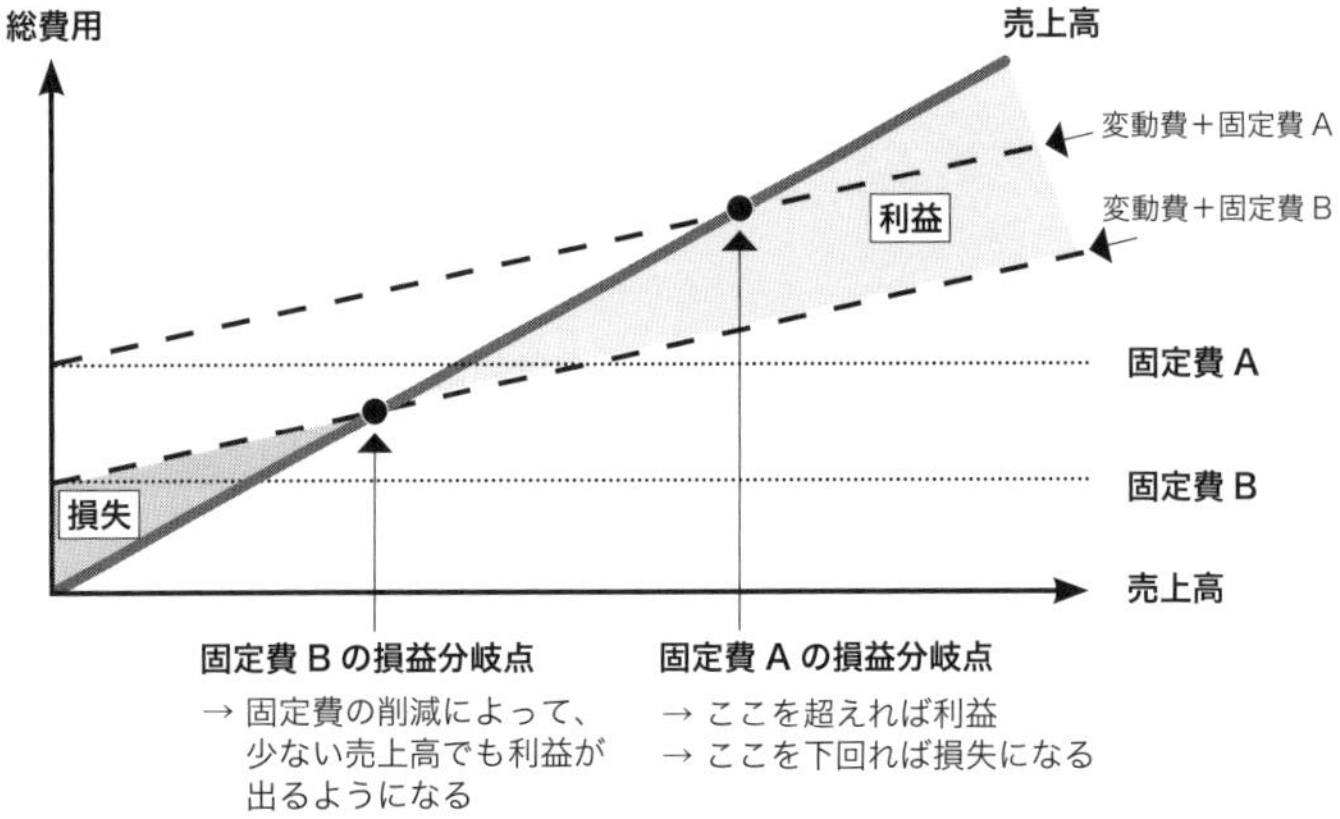

ゼロになる点を損益分岐点[*12]と呼びます。

つまり固定費を下げて損益分岐点を下げることによって利益が出やすくなるわけです。

＊12　英語で BEP：break-even point という。

第4章

キャッシュを稼ぐ力と財務戦略を見る

キャッシュは嘘をつかない

週刊ダイヤモンドの2019年の特集で「倒産危険度ランキング」というものが掲載されていたことがあります。その中で1社違和感のある企業が掲載されていました。それは22位にランクインしていた芙蓉グループ（旧安田財閥）で名門不動産企業の東京建物㈱です。**4－1**の有価証券報告書を見る限り、2015年を除いて増収増益となり、極めて業績が良い会社に見えます。

前にも説明しましたが、会社は赤字が続いていても簡単に倒産するものではありません。しかし、キャッシュがなくなれば倒産してしまいます。比較的わかりやすいのは赤字が続き、キャッシュがなくなってきて、銀行からもお金が借りられず力尽きるというパターンでしょう。しかし、それだけが原因ではありません。不良債権・不良在庫が引き金を引くことも少なくないのです。

4-1 東京建物㈱ 2018年度有価証券報告書

第一部【企業情報】

第１【企業の概況】

１【主要な経営指標等の推移】

（1）連結経営指標等

回次		第197期	第198期	第199期	第200期	第201期
決算年月		2014年12月	2015年12月	2016年12月	2017年12月	2018年12月
営業収益	(百万円)	237,049	260,012	254,498	266,983	273,302
経常利益	(百万円)	17,317	24,796	30,635	39,416	42,036
親会社株主に帰属する当期純利益	(百万円)	82,944	16,359	19,742	22,599	27,277
包括利益	(百万円)	124,306	20,706	22,126	34,346	10,907
純資産	(百万円)	305,808	312,530	325,593	353,419	356,578
総資産	(百万円)	1,319,465	1,297,112	1,314,558	1,441,050	1,451,584
１株当たり純資産額	(円)	1,331.02	1,390.07	1,465.30	1,589.98	1,605.70
１株当たり当期純利益	(円)	386.24	75.91	91.00	104.17	125.79
潜在株式調整後１株当たり当期純利益	(円)	－	－	－	－	－
自己資本比率	(%)	21.7	23.2	24.2	23.9	24.0
自己資本利益率	(%)	33.2	5.6	6.4	6.8	7.9
株価収益率	(倍)	4.6	17.4	17.2	14.6	9.1
営業活動によるキャッシュ・フロー	(百万円)	△4,790	21,762	38,783	△14,196	19,748
投資活動によるキャッシュ・フロー	(百万円)	257,798	△21,250	△53,024	△64,508	△63,577
財務活動によるキャッシュ・フロー	(百万円)	△277,787	△40,177	9,005	77,998	34,438
現金及び現金同等物の期末残高	(百万円)	86,907	47,217	42,053	41,227	31,702
従業員数〔外、平均臨時雇用者数〕	(名)	3,159〔2,982〕	3,403〔2,369〕	3,566〔2,915〕	4,813〔5,438〕	5,010〔5,533〕

4 - 2　東京建物㈱　2018年度有価証券報告書を著者加工①

(単位：百万円)	2014年12月	2015年12月	2016年12月	2017年12月	2018年12月
当期純利益(*)	82,944	16,359	19,742	22,599	27,277
営業活動によるキャッシュ・フロー	△4,790	21,762	38,783	△14,196	19,748

＊親会社株主に帰属する当期純利益

(単位：百万円)	2017年12月	2018年12月
税金等調整前当期利益	35,818	40,101
減価償却費	15,089	16,448
棚卸資産の増減額	△67,501	△23,273
法人税等の支払額	△4,447	△15,038
その他	6,845	1,510
営業活動によるキャッシュ・フロー	△14,196	19,748

東京建物で気になるのが、利益とキャッシュ・フローの動きです。

4－2を見てわかるのは、純利益よりも営業活動によるキャッシュ・フローが少なく、マイナスになっている年があることです。キャッシュ・フロー計算書の営業活動によるキャッシュ・フローの部分を詳しく見ていきましょう。

東京建物はビル管理業を持っていますが、この業態は減価償却費が大きく、営業活動によるキャッシュ・フローの方が当期純利益より大きいケースが少なくありません。しかし、この2年間は棚卸資産（この会社の場合、販売用不動産等）が６７５億円と２３２億円増えているため、営業活動によるキャッシュ・フローが２０１７年にはマイナスになっているわけです。

このようにキャッシュ・フロー計算書において、極端に在庫や売掛金などが増えて資金が流出するのは危険な兆候です。投下した資金が回収されない在庫や売掛金になってしまい、寝ている可能性があるからです。

東京建物の場合、在庫にあたる販売用・仕掛販売用・開発用不動産の合計が２０１８年12月現在２８３４億円あります。一方住宅セグメントの営業収益は９８７億円のため、3年分（34か月分）近い在庫回転期間、つまり在庫がすべてはけるまで3年かかる状況になっています[*1]。

確かに分譲住宅などにおいて在庫回転期間は長くなるとは思われますが、同業他社の三菱地所などは約13か月程度なので（２０１９年3月期）、異常値といえます。こういったことから倒産危険度22位に挙げられているのだと想像します。

さて、もう少し東京建物のキャッシュ・フロー自体を俯瞰してみましょう【4－3】。

＊1　本来分母は売上原価ですが、データが入手できないため、便宜的に住宅セグメントの営業収益を分母にしています。

4-3　東京建物㈱　2018年度有価証券報告書を著者加工②

（単位：百万円）	2017年12月	2018年12月
営業活動によるキャッシュ・フロー	△14,196	19,748
投資活動によるキャッシュ・フロー	△64,508	△63,577
財務活動によるキャッシュ・フロー	77,998	34,438
現金及び現金同等物に係る換算差額	△119	△122
現金及び現金同等物の増減差額	△825	△9,513
現金及び現金同等物の期末残高	41,227	31,702

	2017年12月	2018年12月
営業活動によるキャッシュ・フロー	−	＋
投資活動によるキャッシュ・フロー	−	−
財務活動によるキャッシュ・フロー	＋	＋

すると、ビル管理業のためのビル取得なども積極的に行ったため、投資活動によるキャッシュ・フローもマイナス、それを財務活動によるキャッシュ・フロー（借入）でまかなう状況が続いています。どんどん借金と在庫が両建てで積み上がっているわけです。

以上より、財務上安全な状況ではないといえます。ただし、伝統ある会社なので土地の含み益だけで約4000億円近くあり（決算資料より）、借入余力は十分あると思われます。したがって、私見では、確かに財務的な内容は良くはないのですが、倒産危険度22位というのはさすがにあり得ないというのが正直なところです。

4-4 ㈱ディー・エル・イー　修正前有価証券報告書を著者加工

(単位：百万円)	平成26年6月	平成27年6月
税引前当期純利益	283	339
売上債権の増減額	△228	△605
棚卸資産の増減額	67	△126
仕入債務の増減額	△23	206
その他	△84	△147
営業活動によるキャッシュ・フロー	△15	△333

続いてもう1社、第2章で粉飾決算の例として取り上げた㈱ディー・エル・イーを見てみましょう。キャッシュ・フロー計算書からは不自然な部分が浮き彫りになってきます【4－4】。

架空売上を計上していたので、当然キャッシュの入金はありません。*2 そのため、利益はほとんど売上債権の増加で打ち消されています。これは不良債権があって回収ができないわけではなく、単なる粉飾決算のためです。

いくら会計上の操作をしてもキャッシュ・フローは操作できませんから、このように「頭隠して尻隠さず」のようになり、経営的にも危うくなるわけです。つまり、キャッシュ・フローの粉飾だけはできないのです。*3

---

*2
営業活動によるキャッシュ・フローはマイナス。

*3
そのため、「一番信用できる財務諸表はキャッシュ・フロー計算書だ」という考える人も少なくありません。

キャッシュ・フローのポイント

キャッシュ・フローのポイントは、倒産企業の実例を見るとわかりやすいです。ここでは前述のシベール㈱を取り上げてみましょう【4－5】。

営業活動によるキャッシュ・フローのポイント

まずは営業活動によるキャッシュ・フローから見てみましょう。

そもそも損益計算書には、キャッシュの出入りを伴わない支出入と、実際の支出入とのずれがあります。その部分を調整しているのが**A**の部分です。また、**B**で運転資本の動き（後述）を、**C**で配当・利息・税金の支出入を組み入れています。この営業活動によるキャッシュ・フローを見ることにより、実際の企業の営

4-5　シベール㈱　キャッシュ・フロー計算書

(単位：千円)

		前事業年度 (自 平成28年9月1日 至 平成29年8月31日)	当事業年度 (自 平成29年9月1日 至 平成30年8月31日)
	営業活動によるキャッシュ・フロー		
	税引前当期純損失（△）	△331,376	△283,571
	減価償却費	170,089	137,180
	減損損失	202,322	127,378
	貸倒引当金の増減額（△は減少）	△256	△154
	賞与引当金の増減額（△は減少）	△12,250	2,250
	ポイント引当金の増減額（△は減少）	△438	△2,102
A	株主優待引当金の増減額（△は減少）	12,800	1,387
	受取利息及び受取配当金	△707	△355
	支払利息	13,822	14,430
	固定資産除却損	2,524	2,315
	投資有価証券評価損益（△は益）	1,700	-
	投資有価証券売却損益（△は益）	-	△9,036
	店舗閉鎖損失	6,879	-
	売上債権の増減額（△は増加）	△996	3,642
B	たな卸資産の増減額（△は増加）	7,668	△15,132
	仕入債務の増減額（△は減少）	△2,560	△11,266
A	未収消費税等の増減額（△は増加）	△4,044	8,918
	未払消費税等の増減額（△は減少）	△1,305	△1,533
	その他	2,921	2,625
	小計	66,794	△23,024
	利息及び配当金の受取額	707	355
C	利息の支払額	△13,169	△13,350
	法人税等の還付額	1,487	108
	法人税等の支払額	△6,895	△8,528
	営業活動によるキャッシュ・フロー	48,924	△44,439
	投資活動によるキャッシュ・フロー		
	定期預金の預入による支出	△120,000	△100,000
	定期預金の払戻による収入	120,000	120,000
	有形固定資産の取得による支出	△106,773	△28,888
	無形固定資産の取得による支出	△10,391	△860
	投資有価証券の売却による収入	-	50,934
	その他	972	10,120
	投資活動によるキャッシュ・フロー	△116,193	51,306
	財務活動によるキャッシュ・フロー		
	短期借入金の純増減額（△は減少）	-	200,000
	長期借入れによる収入	350,000	100,000
	長期借入金の返済による支出	△388,839	△361,959
	自己株式の取得による支出	△156	△164
	配当金の支払額	△43,046	△21,522
	その他	△1,786	△4,432
	財務活動によるキャッシュ・フロー	△83,829	△88,079
	現金及び現金同等物の増減額（△は減少）	△151,098	△81,212
	現金及び現金同等物の期首残高	317,604	166,506
	現金及び現金同等物の期末残高	※1 166,506	※1 85,293

(2018年度 有価証券報告書より抜粋)

業活動でどの程度キャッシュを生み出しているか（流出しているか）わかるわけです。

通常、**A** は減価償却費のような支出を伴わない費用・損失項目の方が収入を伴わない収益・利益項目より大きいので、プラスになります。どういうことか、詳しく説明しましょう。

例えば1億円で購入した機械の耐用年数が10年あるとします。普通は購入時に支払いをするので、購入時に1億円のキャッシュが支出となります。その後定額法だと毎年1000万円ずつ減価償却費（1億円÷10年）が計上されて費用（利益のマイナス項目）となりますが、キャッシュ自体は購入時に支出されているため、これは支出を伴わない費用なわけです。

通常減価償却費や減損損失など支出を伴わない費用損失の方が、収入を伴わない収益・利益より多いので、Aの部分はプラスになります。一方Cの部分は税金や利息など、普通は受け取りより支出が多いのでマイナスになります。

B の運転資本はマイナスになるとそれだけ資金が出ていきます。ここはプラスの方が望ましいですが、通常営業の状況に変わりがなければ、運転資本減少のために特別な手法でも取っていない限りほぼプラスマイナスゼロになります。

ただし、この運転資本のマイナスは良性のマイナスと悪性のマイナスがあります。シベールの場合は平成30年8月の運転資本は合計2275・6万円のマイナスです。内訳は棚卸資産の増加1513・2万円と仕入債務の減少1126・6万円です。売上自体は前年の約30億円から26億円に10%以上減少していますから、この棚卸資産の増加は売れ残りが生じていると想像されます。また仕入債務の減少は、信用不安により早期の決済や現金決済を求められているためと想像されます。このように悪性の運転資本のマイナスは業績不振とセットでやってきますのでダブルパンチとなります。

一方で良性のマイナスとは、成長期における運転資本のマイナスです。**4-6**の㈱スタートトゥデイ（現ZOZO）の売上と運転資本の推移を見てみましょう。スタートトゥデイは2018年までは急成長でマーケットを席巻してきました。運転資本の軸（右軸）はあえてマイナス部分とプラス部分を逆にして関係を見ています。

売上の急激な伸びに対応して運転資本のマイナスが増えているのがわかります。

4-6 ㈱スタートトゥデイ　有価証券報告書より筆者作成

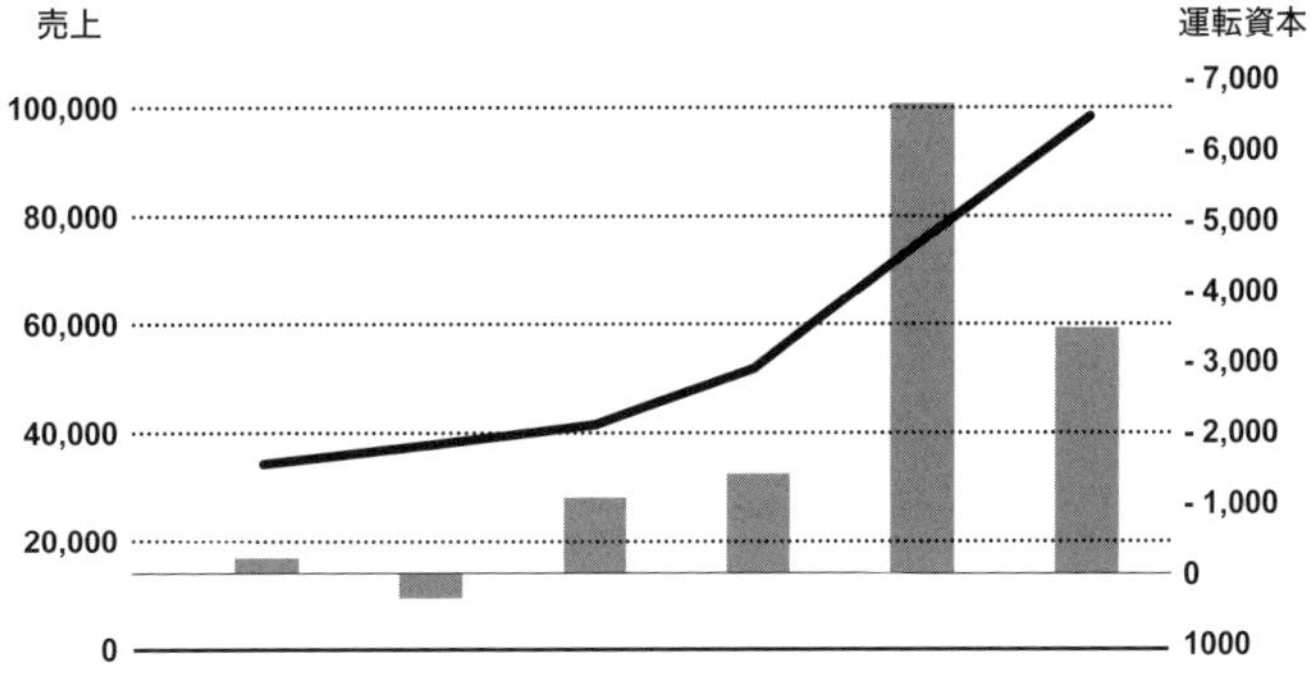

	2013年	2014年	2015年	2016年	2017年	2018年
━ 売上	35,050	38,580	41,182	54,422	76,393	98,432
■ 運転資本	△273	341	△1,145	△1,404	△6,708	△3,544

（単位：百万円）

売上がどんどん伸びている際は、欠品がないよう在庫を積み増し、売掛金もどんどん大きくなります。したがって、自然体でいけば売上が伸びている間、運転資本はマイナスになります。

とはいえ、運転資本が継続的にマイナスになる「イケイケどんどん経営」は、資金のひっ迫につながり望ましいものではありません。売上が不振になればこういった資金不足のツケが一気にまわってくるからです。黒字倒産というのは、こういった運転資本のマイナスに資金がついていかなかったケースが少なからずあります[*4]。

投資活動によるキャッシュ・フローのポイント

さて、再びシベールのキャッシュ・フロー計算書に戻って、投資活動によるキャッシュ・フローを見てみましょう【4－5】。

ここで気になる点が1つあります。普通製造業の場合、機械等への新設・更新投資は必要不可欠なので、ここはマイナスになるはずです。前述したように減価償却費は耐用年数で毎年計上されるわけですから、減価償却費と同等レベルの投資はされるからです。

ところが一覧を見ると、減価償却費は28年9月が1億７００８・９万円、29年9月が1億３７１８万円なのに対し、有形・無形固定資産への投資額は28年9月が1億１７１６・４万円、29年9月が２９７４・８万円となっています。つまり新たな投資余力がなくなっていることがわかるわけです。

＊4　現ＺＯＺＯが２０１９年にヤフーの傘下に入った要因の１つが、こうした財務の悪化にあったと考えられます。

財務活動によるキャッシュ・フローのポイント

最後は財務活動によるキャッシュ・フローです。特に29年9月は長期借入金が3億6195・9万円減少しているのに対して、長期借入金の増加分はわずか1億円になっている一方、短期借入金が2億円増えています。これは想像ですが、財務内容が悪いため、長期ではもう借りることができず、早期返済を求められているのではないかと想像されます。このように借入金が短期になってくるというのも危険な兆候といえます。

このようにキャッシュ・フロー計算書は、会社にとって不利な情報でも隠すのが難しく、問題点が浮き彫りになってしまいます。そういった意味でキャッシュ・フロー計算書をきちんと見ることが大切です。

コラム　「運転資本」とは？

高級スポーツ車の製造をしている小さな町工場を例に、「運転資本」を考えてみましょう。ここでは極めて単純に、1月から生産を開始し、部品を仕入れて毎月1台製品にし、販売店に卸して売掛販売をしていたとします。条件は以下の通りで、**4-7**を見ながら考えてみます。

・1台の製品を作るのにかかる費用：材料費300万円、人件費300万円
・製造期間1か月、材料費・人件費すべて月末払い
・在庫期間1か月（1か月で販売店に販売）
・販売価格1000万円（1か月で回収）

3月末で決算をしたと仮定して、損益計算書（PL）を見てみます。

売上　　2000万円（2月、3月にそれぞれ1台販売）

4-7　自動車の製造から売掛金回収までの例

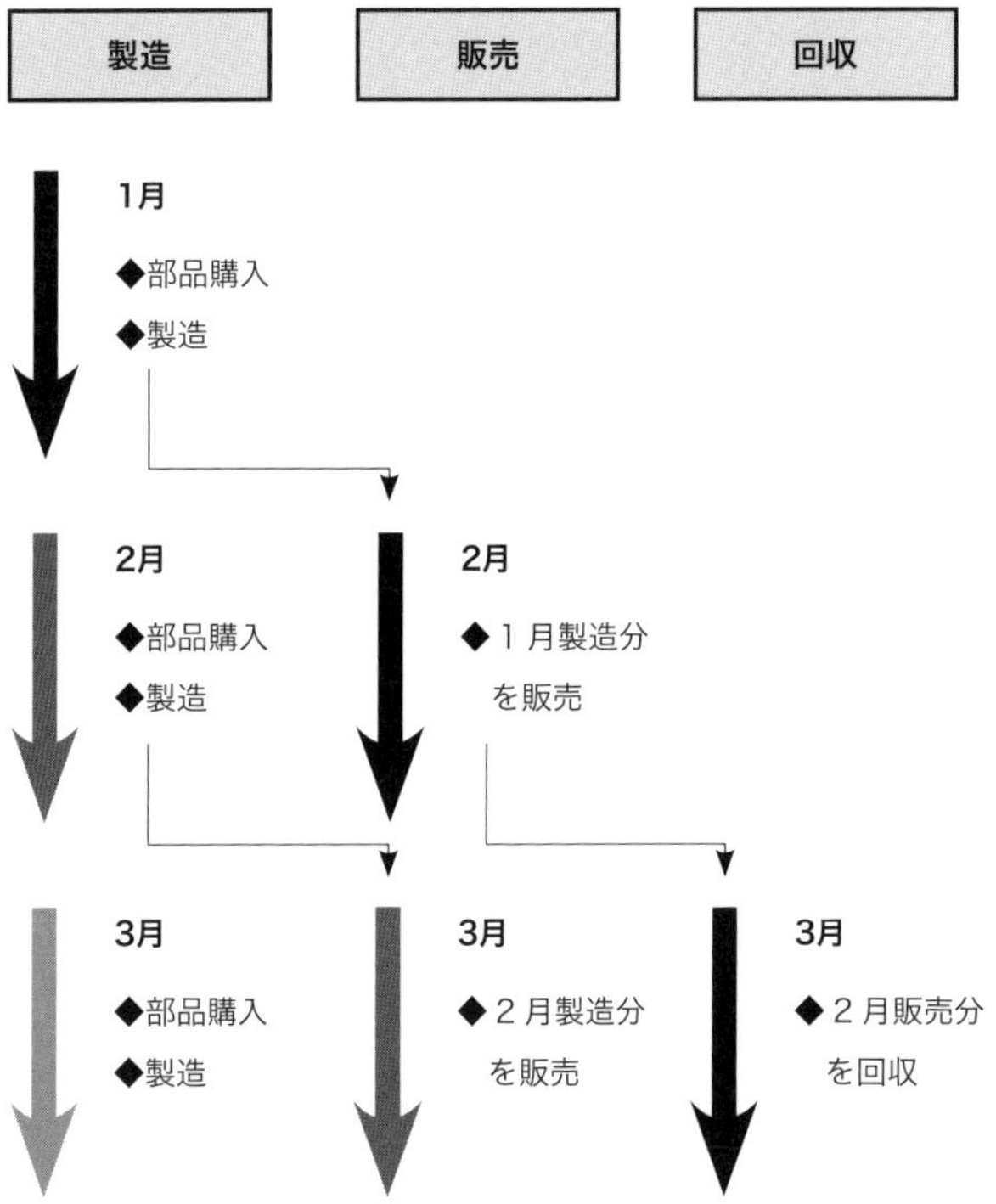

売上原価　1200万円（1月、2月製造した費用）
利益　　800万円

これだけ見ると儲かって見えますが、では現金については、1月1日の段階からどれだけ増えたでしょうか。

入金　1000万円（2月販売した分の回収）
出金　1800万円（1～3月の製造費用）
差額　△800万円

お金は800万円少なくなってしまいました。これは「運転資本」という形で資金が寝てしまっているため起こる現象です。

まず、売上のうち1000万円はまだ回収していない売掛金1000万円という形になっています。一方3月分の製造費用も3月末に支払ってしまったため、600万円の在庫という形で残っています。この1600万円（＝1000万円＋600万円）の資金が寝ているため、**800万円**

（利益）－1600万円（運転資本）＝△800万円という資金差額になります。

運転資本の式は**【運転資本＝売掛金＋在庫－買掛金】**となります。

ここでのポイントは、月末に製造費用は支払っているので買掛金は0ということです。したがって材料費の支払いを300万円翌月末にできれば運転資本は少し良くなります。

入金	1000万円	（2月販売した分の回収）
出金	1500万円	（1～3月の製造費用、ただし3月分の材料費は未払い）
差額	△500万円	

これは運転資本が**1000万円（売掛金）＋600万円（在庫）－300万円（買掛金）＝1500万円**となったからです。

つまり支払いを遅らせ、在庫を早く販売し、または回収を早くすることで、運転資本を小さくでき、手元の資金を潤沢にできるわけです。

キャッシュ・フローの型から財務戦略を読み解く

キャッシュ・フローを見るとその企業の大まかな財務戦略がわかります。

読み解く際には数字そのものも大切ですが、プラスマイナスで表すとさらに直感的にわかりやすくなります。

主に4-8に記載した5つのタイプを知っておけば良いでしょう。[*5]

4-8 キャッシュ・フローの型

	営業	投資	フリー	財務
堅実優良型	＋	−	＋	±*
チャレンジ型	＋	−	−	＋
リバイバル型	±*	＋	＋	−
入院型	−	±*	−	＋
倒産の瀬戸際型	−	＋	−	−

＊キャッシュ・フローは少額のプラスかマイナス

＊5 当然例外も多々ありますが、どの型に比較的近いかという視点で見ていくと理解が早まります。

堅実優良型

まずは堅実優良型を見ていきます。このタイプの業績は堅調で、営業活動によるキャッシュ・フローはプラスです。投資も営業活動によるキャッシュ・フローの範囲内で行っており、営業活動によるキャッシュ・フローと投資活動によるキャッシュ・フローの合計であるフリーキャッシュ・フローはプラスです。財務活動によるキャッシュ・フローは景気の動向や金利情勢によってプラスマイナスがありますが、基本的には少額のプラスマイナスになります。

典型的な堅実優良型の例として、ライオン㈱を取り上げます【4-9】。営業活動によるキャッシュ・フローで毎年300億円程度のキャッシュを生み出していますが、投資活動によるキャッシュ・フローはその営業活動によるキャッシュ・フローの範囲内で行っています。ほぼ無借金なので財務活動によるキャッシュ・フローのマイナスは配当金の支払いです。したがって、毎年どんどんと現金及び現金同等物が積み上がっていることがわかります。こうした会社は業績も極めて安定しており、急速な成長はないものの、堅実に数字を積み上げていく典型的な堅実優良型といえるでしょう。

4-9　ライオン㈱　2018年度有価証券報告書から抜粋

回次		日本基準			
		第155期	第156期	第157期	第158期
決算年月		2015年12月	2016年12月	2017年12月	2018年12月
売上高	(百万円)	378,659	395,606	410,484	418,878
経常利益	(百万円)	18,099	26,290	29,126	31,341
親会社株主に帰属する当期純利益	(百万円)	10,680	15,951	19,827	24,818

営業活動によるキャッシュ・フロー	(百万円)	35,539	32,269	28,562	31,914
投資活動によるキャッシュ・フロー	(百万円)	△6,974	△7,845	△8,750	△9,013
財務活動によるキャッシュ・フロー	(百万円)	△5,062	△7,437	△6,754	△8,764
現金及び現金同等物の期末残高	(百万円)	61,278	77,739	91,401	104,972

	2015年	2016年	2017年	2018年
営業活動によるキャッシュ・フロー	＋	＋	＋	＋
投資活動によるキャッシュ・フロー	－	－	－	－
フリーキャッシュ・フロー	＋	＋	＋	＋
財務活動によるキャッシュ・フロー	－	－	－	－

（有価証券報告書をもとに筆者作成）

チャレンジ型

次にチャレンジ型を見ていきます。例として挙げるのはオンライン旅行業の㈱アドベンチャーです【4－10】。売上（営業収益）が2015年の15億円から2019年の503億円に30倍以上になった会社です。企業買収でどんどん規模を拡大させていきました。したがって、2016年を除けば営業活動によるキャッシュ・フローよりも投資活動によるキャッシュ・フローが大きく、フリーキャッシュ・フローは基本的にマイナスです。それを財務活動によるキャッシュ・フローによる資金調達で補っている構造です。2016年と17年は財務活動によるキャッシュ・フローが少額のマイナスではありますが、財務活動によるキャッシュ・フローのプラス部分は巨額で旺盛な資金需要を表しています。

チャレンジ型は急成長をしていますから、必然的に成長のための先行投資（設備投資やM&A）による資金が必要になります。ポイントは、落ち着いて安定した時に、膨れ上がった借入債務の返済がきちんとできるだけの営業活動によるキャッシュ・フローを生み出せるかどうかです。これができないと堅実優良型ではなく、あとで述べるリバイバル型や倒産の瀬戸際型になります。

4-10 ㈱アドベンチャー　2018年度有価証券報告書から抜粋

回次		日本基準				
		第９期	第10期	第11期	第12期	第13期
決算年月		2015年６月	2016年６月	2017年６月	2018年６月	2019年６月
営業収益	(千円)	1,510,426	2,683,680	5,269,043	15,093,205	50,289,781
経常利益	(千円)	148,074	276,052	409,123	511,836	253,112
親会社株主に帰属する当期純利益	(千円)	110,262	146,115	242,035	313,908	9,451

営業活動によるキャッシュ・フロー	(千円)	△74,778	736,866	66,745	286,968	546,465
投資活動によるキャッシュ・フロー	(千円)	△371,127	△218,134	△411,429	△1,338,096	△808,015
財務活動によるキャッシュ・フロー	(千円)	1,285,799	△221,520	△203,783	2,727,864	1,449,431
現金及び現金同等物の期末残高	(千円)	959,722	1,239,943	698,847	2,373,820	3,563,070

	2015年	2016年	2017年	2018年	2019年
営業活動によるキャッシュ・フロー	−	＋	＋	＋	＋
投資活動によるキャッシュ・フロー	−	−	−	−	−
フリーキャッシュ・フロー	−	＋	−	−	−
財務活動によるキャッシュ・フロー	＋	−	−	＋	＋

（有価証券報告書をもとに筆者作成）

リバイバル型

リバイバル型はチャンレンジ型の成長が止まった際に、借入債務を返済するに十分な営業活動によるキャッシュ・フローが生み出せなくなったケースと、堅実優良型の企業がだんだんと業績が低迷して同様に営業活動によるキャッシュ・フローを生み出せなくなったケースの2つがあります。

後者の典型的な例として㈱東芝の例を見てみましょう【4－11】。

東芝は基本的には優良堅実型でしたが、だんだんとジリ貧になっていました。2016年3月にリバイバル型となり、キヤノンに東芝メディカルシステムズを売却、底を尽きそうだったキャッシュも入り一息つきます。しかし、状況は良くならず銀行などからもかなり督促され、19年3月期に東芝メモリーを売却して再びリバイバル型となりました。

リバイバル型は営業活動によるキャッシュ・フローでは十分なキャッシュ・フローが生み出せないため、手持ちの資産を切り売りして投資活動によるキャッシュ・フローをプラスにすることで有利子負債を減らし（または少しキャッシュを潤沢に持ち）、身軽にしようといった動きをします。*6

---

*6
東芝のような基礎体力のある老舗企業はこうした切り売りが2回もできましたが、並の企業であれば1回目で回復しなければ力尽きてしまうこともしばしばです。

4-11 ㈱東芝 2018年度有価証券報告書から抜粋

回次		第176期	第177期	第178期	第179期	第180期
決算年月		2015年３月	2016年３月	2017年３月	2018年３月	2019年３月
売上高	(百万円)	4,851,060	4,346,485	4,043,736	3,947,596	3,693,539
営業利益(△損失)	(百万円)	△72,496	△581,376	96,537	86,184	35,447
継続事業からの税金等調整前当期純利益(△損失)	(百万円)	△122,333	△499,439	44,945	82,378	10,909
当社株主に帰属する当期純利益(△損失)	(百万円)	△37,825	△460,013	△965,663	804,011	1,013,256

営業活動によるキャッシュ・フロー	(百万円)	330,442	△1,230	134,163	37,367	124,855
投資活動によるキャッシュ・フロー	(百万円)	△190,130	653,442	△178,929	△146,713	1,305,434
財務活動によるキャッシュ・フロー	(百万円)	△125,795	135,747	△204,220	△63,613	△645,018
現金、現金同等物及び制限付き現金の期末残高	(百万円)	185,721	975,529	723,231	548,657	1,335,520

	2015年	2016年	2017年	2018年	2019年
営業活動によるキャッシュ・フロー	＋	−	＋	＋	＋
投資活動によるキャッシュ・フロー	−	＋	−	−	＋
フリーキャッシュ・フロー	＋	＋	−	−	−
財務活動によるキャッシュ・フロー	−	＋	−	−	−

（有価証券報告書をもとに筆者作成）

入院型／倒産の瀬戸際型

最後に入院型と倒産の瀬戸際型です。それぞれ非常に似てはいるのですが、入院型は治療を受けている、つまり銀行などの金融機関が支えてくれるため財務活動によるキャッシュ・フローはプラスとなり、何とかマイナスのフリーキャッシュ・フローを補っている企業です。

しかし、金融機関が見放すと貸しはがしとなって返済を迫られますから、財務活動によるキャッシュ・フローもマイナスになり、いよいよ倒産の瀬戸際型になります。

この推移が非常によくわかるのが以下の㈱フルッタフルッタの例です[*7]【4－12】。

２０１５年の時点で利益は出しているものの営業活動によるキャッシュ・フローはマイナスで、それから5年連続で営業活動によるキャッシュ・フローはマイナスです。そのため十分な投資もできず投資活動によるキャッシュ・フローはマイナスか少額のプラス、当然フリーキャッシュ・フローもマイナスです。その分をずっと新株予約権を利用した資金調達や金融機関からの借入等でしのいできて、財務活動によるキャッシュ・フローはプラスです。典型的な「入院型」でし

＊7　アサイーというアマゾンフルーツの販売やカフェなどを展開している企業ですが、ブームの終焉で苦境に陥っています。

4-12 ㈱フルッタフルッタ　2018年度有価証券報告書から抜粋①

回次		第13期	第14期	第15期	第16期	第17期
決算年月		2015年３月	2016年３月	2017年３月	2018年３月	2019年３月
売上高	(千円)	3,344,951	2,571,014	1,619,454	1,104,952	1,221,914
経常利益又は経常損失(△)	(千円)	349,157	△579,865	△589,029	△568,038	△779,248
当期純利益又は当期純損失(△)	(千円)	201,155	△683,353	△591,154	△586,288	△795,782

営業活動によるキャッシュ・フロー	(千円)	△639,391	△1,194,879	△224,902	△245,945	△152,725
投資活動によるキャッシュ・フロー	(千円)	△18,320	△3,995	185	△19,435	△15,699
財務活動によるキャッシュ・フロー	(千円)	669,044	956,866	329,726	349,268	△85,650
現金及び現金同等物の期末残高	(千円)	506,641	287,576	397,418	478,933	225,458

	2015年	2016年	2017年	2018年	2019年
営業活動によるキャッシュ・フロー	−	−	−	−	−
投資活動によるキャッシュ・フロー	−	−	＋	−	−
フリーキャッシュ・フロー	−	−	−	−	−
財務活動によるキャッシュ・フロー	＋	＋	＋	＋	−

（有価証券報告書をもとに筆者作成）

4-13　㈱フルッタフルッタ　2018年度有価証券報告書から抜粋②

（単位：千円）

	前事業年度（自 2017年4月1日 至 2018年3月31日）	当事業年度（自 2018年4月1日 至 2019年3月31日）
財務活動によるキャッシュ・フロー		
短期借入れによる収入	436,370	427,708
短期借入金の返済による支出	△460,223	△458,522
長期借入金の返済による支出	△1,240	△5,211
株式の発行による収入	198,340	－
リース債務の返済による支出	△6,485	△7,391
転換社債型新株予約権付社債の発行による収入	99,155	－
転換社債型新株予約権付社債の償還による支出	－	△55,000
新株予約権の行使による株式の発行による収入	82,501	13,140
新株予約権の発行による収入	850	－
新株予約権の取得による支出	－	△374
財務活動によるキャッシュ・フロー	349,268	△85,650

た。

しかし、金融機関も貸しはがし段階に入ってきて資金調達も困難になり、2019年から財務活動によるキャッシュ・フローがプラスの「倒産の瀬戸際」型になってきました。このことは2018年と19年の財務活動によるキャッシュ・フローを細かく見るとわかります【4－13】。

銀行は財務状態が悪い企業には長期資金を貸しません。そして短期借入金も返済額の方が多く、貸しはがしにかかっていることが見てとれます。こうなってしまうとスポンサーが救済してくれるなどのウルトラCがない限り、倒産まで秒読み段階という厳しい現実が続くことになります[*8]。

＊8　2020年に新株予約権をファンドが行使して、債務超過による上場廃止だけは免れました。ただし、苦しい状態は継続中です。

キャッシュ・フロー戦略とＣＣＣ

キャッシュを生み出す王道は利益を上げることです。しかし、前項で触れたように、運転資本の部分でマイナスとなるとキャッシュを減らすことになります。これは業績不振企業と急成長の企業に起こりやすいことです。

欧米グローバル企業はとりわけキャッシュを生み出す力を重視しており、とりわけ運転資本のコントロールは経営の重要な指標にしています。そこで使われるのがＣＣＣ[*9]で、アマゾンやアップルなどが有名です[*10]。

ＣＣＣとは、仕入れから販売に伴う現金回収までの日数を表します。この日数が小さいほど、つまりＣＣＣが小さいほど手元のキャッシュは多くなって資金繰りが改善します。一般的な式は以下の通りです。

＊9　Cash Conversion Cycle（キャッシュ・コンバーション・サイクル）の略。

＊10　アマゾンのＣＣＣについては弊著『現場で使える 会計知識』で詳述しています。

ＣＣＣ＝売上債権回転期間＋棚卸資産回転期間－仕入債務回転期間
売上債権回転期間＝売上債権残高÷１日当たり売上高
棚卸資産回転期間＝棚卸資産残高÷１日当たり売上原価
仕入債務回転期間＝仕入債務残高÷１日当たり売上原価

ここではそれぞれの分子だけを見てください。売上債権残高＋棚卸資産残高－仕入債務残高ですから、運転資本と一緒であることがわかります。つまり、運転資本が小さくなればＣＣＣの値は小さくなるという仕組みです。*11

近年は日本企業でもＣＣＣを経営指標として取り上げる企業は増えてはきましたが、目に見えた進展がない企業も多いようです。

次の**4－14**は不二製油グループ本社㈱の財務資料で、効率性についてＣＣＣを開示しています。こうした開示姿勢はわかりやすく、実際にＩＲ関連では評価が高い企業です。

ただしＣＣＣの結果はあまり芳しくないようです。２０１８年はＭ＆Ａで米国企業を買収したためにＣＣＣが悪化しましたが、その影響を除いた決算発表で

＊11　製造業の場合は運転資本÷１日当たり売上高を用いる企業も多いようです。詳しくはコラムを参照。

4-14　不二製油グループ本社㈱

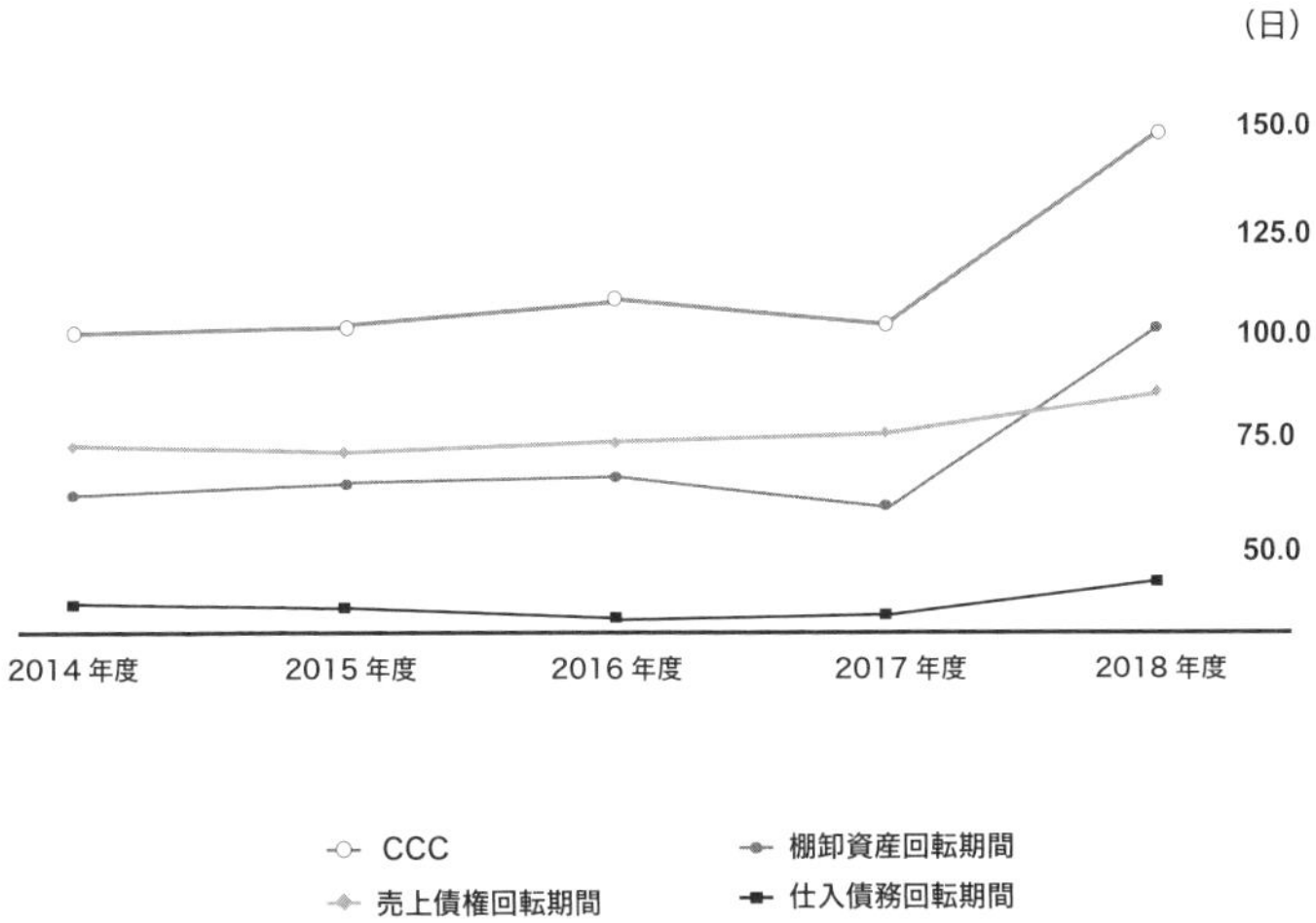

	2014年	2015年	2016年	2017年	2018年
売上債権回転期間	73.2	71.3	73.9	76.0	86.4
棚卸資産回転期間	60.6	63.4	65.6	57.4	103.4
仕入債務回転期間	32.1	31.8	29.0	29.9	38.5
CCC	101.7	102.9	110.5	103.5	151.3

（不二製油グループ本社財務資料より加工抜粋）

もＣＣＣは１０５日とあまり進展は見られません。

㈱日立製作所も２０１５年中期経営計画でＣＣＣの「５日改善」を目標として掲げましたが、ＣＣＣの開示を開始した２０１７年3月期の72・2から18年3月期の69・7に進展して以降、翌19年3月期が69・3と緩やかな改善にとどまっています。製造業の場合、品質・納期・下請けとの綿密な協力関係などさまざまな要因が加わり、ＣＣＣの短縮化は簡単ではありません。

一方ＣＣＣは開示していないものの、この運転資本のコントロールが強みとなっているのが㈱コスモス薬品です**【4－15】**。コスモス薬品は主として九州を地盤としたドラッグストアチェーンで、業界3位です。*12 キャッシュ・フローのタイプとしては堅実優良型で、２０１５年5月期を除いて投資活動によるキャッシュ・フローはフリーキャッシュ・フローの範囲内に収まっています。その要因に挙げられるのが「日本のアマゾン」ともいえる強力な運転資本のコントロールです。これを武器に毎年80店舗程度を安定的に出店していながら、実質無借金経営を貫いています。

その内容について、同業売上1位のツルハと2位のウェルシアとのＣＣＣの比較で見てみましょう**【4－16】**。

＊12 ココカラファインとマツモトキヨシホールディングス経営統合前。

4-15　㈱コスモス薬品

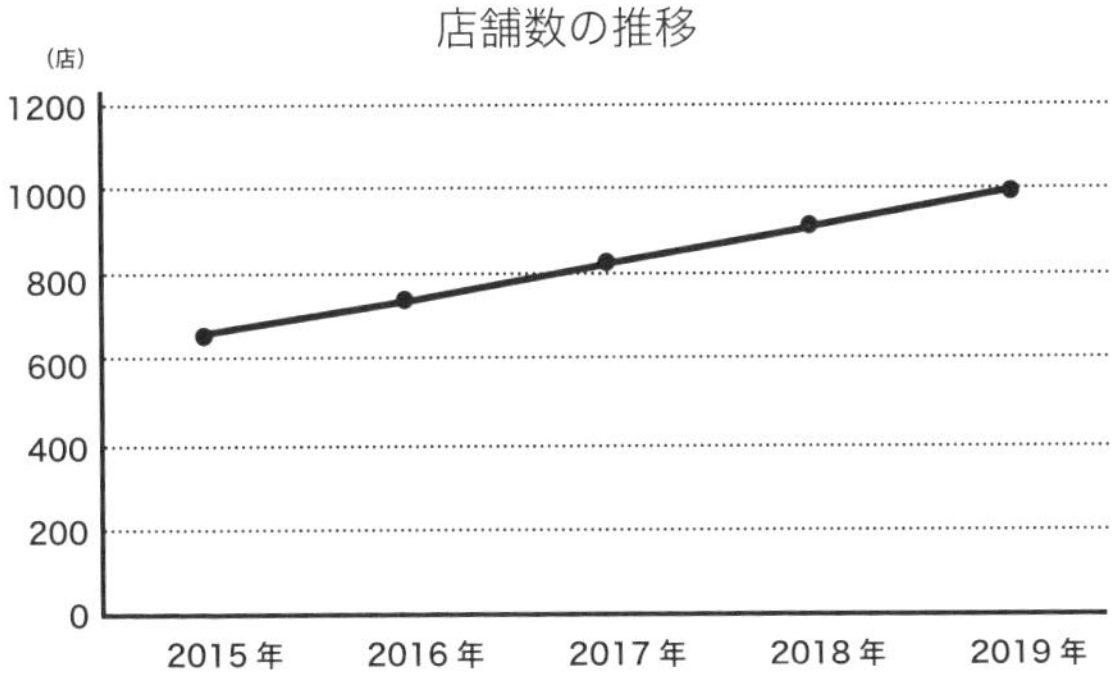

(百万円)	2015年5月	2016年5月	2017年5月	2018年5月	2019年5月
営業活動によるキャッシュ・フロー	19,454	30,986	36,938	32,586	34,379
投資活動によるキャッシュ・フロー	△29,272	△28,550	△28,404	△30,458	△30,042
財務活動によるキャッシュ・フロー	7,151	6,211	△8,088	△8,188	△6,982
現金及び現金同等物の期末残高	18,635	27,282	27,728	21,668	19,022

	2015年5月	2016年5月	2017年5月	2018年5月	2019年5月
営業活動によるキャッシュ・フロー	＋	＋	＋	＋	＋
投資活動によるキャッシュ・フロー	−	−	−	−	−
フリーキャッシュ・フロー	−	＋	＋	＋	＋
財務活動によるキャッシュ・フロー	＋	＋	−	−	−

（有価証券報告書をもとに筆者作成）

4-16　キャッシュ・フロー戦略とCCC

	コスモス	ツルハ	ウェルシア
売上債権回転期間	0.2	12.5	12.8
棚卸資産回転期間	82.6	57.0	66.1
仕入債務回転期間	40.2	64.2	56.9
CCC	△42.2	19.6	3.5
営業キャッシュ・フロー	34,379	33,701	34,872

（有価証券報告書より著者加工。コスモス、ツルハは2019年5月期、ウェルシアは2019年２月期。営業キャッシュ・フローは単位：百万円）

ドラッグストア1位のツルハのCCCが19・6日、2位のウェルシアが3・5日に対しコスモスのCCCはマイナス42・2日と圧倒的な数字です。

コスモスは現金商売を貫き、商売で電子マネー、クレジットカードは一切扱わないと徹底しています。これが売上債権回転期間の低さにつながっている1つの要因でしょう。また在庫管理、仕入債務についても厳しくコントロールしていることがわかります。その結果、営業活動によるキャッシュ・フローでは上位2社と遜色がないか、少し上回るキャッシュをたたき出しています。

近年は首都圏への進出を表明しており、競合他社が戦々恐々するところでしょう。

コラム　製造業のＣＣＣ

製造業がＣＣＣを計算する際には、運転資本÷１日当たり売上高を用いる企業も多いと本文中で触れました。製造業は１日当たり売上原価には買掛債務とは関係のない労務費や減価償却費などが含まれてしまうためだと考えられます。ここではオレンジジュースの製造業を例に考えてみます。

材料：オレンジ、缶
労務費：瓶詰工場の労働者の人件費
その他：電気・水道代、機械の減価償却費、工場の家賃

このうち仕入債務に対応するのは原材料であるオレンジや缶だけですから、労務費やその他の経費も入っている売上原価を分母にすると対応関係がないわけです。したがって、本来は原材料の仕入高を分母にするのが望ましいことがわかります。

第5章

投資家目線で資本効率を見る

「投資家目線」とは何か？

ここでいう「投資家」とは、株を細かく売り買いするデイトレーダーや個人投資家ではなく、機関投資家を指しています。機関投資家とは保険会社、信託銀行、年金基金など、大量の資金を株式や債券などで運用する大口投資家です。

日本の上場企業の場合、取引の約半数は海外の機関投資家をはじめとする外国法人＋信託銀行＋保険会社で占められます。当然ですが、こうした機関投資家たちは、投資のリターンの最大化を目指します。そして、投下した資金が効率的に用いられること、すなわち〝資本生産性〟を重視しているわけです。

そういった意味で「投資家目線」とは、**いかに資本を効率的に用いて企業価値を上げていくか**という視点で財務諸表を見ていく考え方になります。

それを測る重要な指標の１つに、ＲＯＥ（株主資本利益率）があります。

ROE（株主資本利益率）

本書の読者である皆さんは、きっとROEという言葉は見聞きしていることでしょう。とりわけ近年、盛んにROEという言葉が使われるようになったのは、いわゆる「伊藤レポート」がきっかけではないかと思っています。これは2014年8月に経済産業省のプロジェクトとして編纂されたレポートです。*1

伊藤レポートで取り上げられている論点は日本企業の持続的成長に向けた広い範囲がカバーされており、今読み返してみても日本企業の課題を示す重要な提言になっています。一方「8%のROEを目指すべき」といった数字が独り歩きして、間違った方向のROEブームともいえるものを生み出している面があり、やや残念なところです。

さて、ここでは伊藤レポートのROEに対する提言に触れる前に、ROEと

*1　伊藤邦夫一橋大学院特任教授を座長に、機関投資家、IR関係者、大学教授などによって編纂されました。

は何かということを説明します。

ＲＯＥとは、**税引後当期純利益÷株主資本**[＊2]です。「投資した元手（株主資本）でどれだけ儲けたか（税引後当期純利益）」を表す指標と考えれば理解しやすいでしょう。投資家目線の資本生産性指標といわれているのはこのためです。

ただこれだけでは、「いかに少ない元手でたくさん稼いでいるか」という指標にしか見えず、「何を目指すべきか」はさっぱりわかりません。

そこで有用なのがデュポン展開です。ＲＯＥを**5-1**の通りに分解してみます。

これを言葉で説明すると、「利幅を大きく（売上高純利益率）」「少ない資産でたくさん売り上げて（総資産回転率）」「借金は多め（財務レバレッジ）」だとＲＯＥは高くなるということです。

しかし、一般的に薄利多売だと利幅は小さくなって売上高利益率は低めになり、その反面多売で売上は上がっていきますから総資産回転率は高めです。一方利幅の大きなビジネスは売上高利益率が高めになり、総資産回転率は低めになる傾向です。なかなか両立は難しい指標であることがわかります。

一方、貸借対照表では資金調達の方法は大きく分けると株主資本か（広義の）

＊2　正確にいうと、親会社株主に帰属する当期純利益（非支配株主に帰属する当期純利益を控除した数字）÷期首株主資本（または期首＋期末株主資本の平均）

5-1　ROEの分解式

$$\mathrm{ROE} = \frac{\text{当期純利益}}{\text{株主資本}} \times 100$$

$$= \underset{\text{(ROA)}}{\frac{\text{当期純利益}}{\text{総資産}}} \times \underset{\text{(財務レバレッジ)}}{\frac{\text{総資産}}{\text{株主資本}}} \times 100$$

$$= \underset{\text{(売上高純利益率)}}{\frac{\text{当期純利益}}{\text{売上高}}} \times \underset{\text{(総資産回転率)}}{\frac{\text{売上高}}{\text{総資産}}} \times \underset{\text{(財務レバレッジ)}}{\frac{\text{総資産}}{\text{株主資本}}} \times 100$$

借金かしかないですから、小さい元手（株主資本）にするためには必然的に借金を相対的に多くすることになります。

さて、ここで伊藤レポートの話に戻ります。本レポートは、日本企業が欧米に比べて相対的に低収益な状態にあることで、とりわけグローバル投資家から見放されている状態にある、といった問題意識に立脚しています。その中の重要な指標としてROEが取り上げられ、資本コスト[*3]を上回るROEの目標数字として、最低8％が求められ

＊3　詳しくは177ページのコラム参照。

るとしているのです。

しかし、このレポートの中では、別の指摘もあります。

ROEなどはIRで投資家向けに語られるケースが多いのですが、社内の指標としては語られることがほとんどなく、社内経営管理指標も他の関連性のないものが実際に使われていることが大半です。これを「ダブルスタンダードになっている」とし、「現場で使える経営指標」になっていない、また実際の経営の現場では「投資家目線」が欠けていると批判しているわけです。

そのうえで、このROEは単なる経営の〝結果〟であって〝目的〟ではないと明快に述べています。

また、ROEの低さの根本的な原因は、日本企業の収益性の低さ（利幅が低いこと）にあるとしています。たしかに**5－2**を見ると、欧米企業に比べ圧倒的に低いことがわかります。他の構成要素である回転率（総資本回転率）やレバレッジ（財務レバレッジ）はあまり欧米企業と変わらないのですが、利益率（売上高利益率）の低さがROEの低さにつながっていることが見てとれます。

つまり伊藤レポートは、「数字上のROE向上を目指しましょう」といった単純な提言ではないわけです。

5-2　日米欧の資本生産性分解

		ROE	利益率	回転率	レバレッジ
日本	製造業	4.6%	3.7%	0.92	2.32
	非製造業	6.3%	4.0%	1.01	2.80
	合計	5.3%	3.8%	0.96	2.51
米国	製造業	28.9%	11.6%	0.86	2.47
	非製造業	17.6%	9.7%	1.03	2.88
	合計	22.6%	10.5%	0.96	2.69
欧州	製造業	15.2%	9.2%	0.80	2.58
	非製造業	14.8%	8.6%	0.93	3.08
	合計	15.0%	8.9%	0.87	2.86

(注1)　2012 年暦年の本決算実績ベース、金融・不動産除く
(注2)　対象＝TOPIX500、S&P500、Bloomberg European 500 Index 対象の企業のうち、必要なデータを取得できた企業
(出所)　みさき投資株式会社分析(メリルリンチ神山氏の初期分析を基に、Bloomberg データを分析加工)

(伊藤レポートより抜粋)

ＲＯＥブームは本当に会社を強くするか？

では実際の企業の例を見ながらＲＯＥについて考えてみましょう。

高ＲＯＥ企業の代表として、ここでは㈱ＺＯＺＯを取り上げます。２０１８年３月期のＲＯＥは57・4％ですが、これをまず前述したデュポン分解してみます。**5－3**を見ると飛び抜けているのが2桁の売上高利益率です。日本の一般企業は４％程度なのでいかに高水準なのかがわかります。また、通常は利幅が多い業種は回転率が低いものですが、これについても約１・５倍程度の回転率、つまり少ない資産で売上を上げているということがわかります。財務レバレッジはおおむね平均的な水準です。

ＺＯＺＯの収益性の高さは業態による部分もあるでしょう。商品を仕入れて販売する形態ではなく、基本は受託販売です。仕入れて販売した場合は販売総額が売上に計上されますが、受託販売だと販売手数料部分のみが計上され、必然的に売上は低めになります。製造もしていませんから総資産も小さめで、総資産回転率も必然的に高めになるわけです。

5-3　㈱ZOZOのROE（2018年）

$$\mathrm{ROE} = \frac{\text{当期純利益}}{\text{株主資本}} \times 100$$

$$= \frac{\text{当期純利益}}{\text{売上高}} \times \frac{\text{売上高}}{\text{総資産}} \times \frac{\text{総資産}}{\text{株主資本}} \times 100$$

（売上高純利益率）（総資産回転率）（財務レバレッジ）

$$= \frac{20{,}156}{98{,}432} \times \frac{98{,}432}{63{,}219} \times \frac{63{,}219}{35{,}113} \times 100$$

$$= 0.205 \times 1.56 \times 1.80 \times 100$$

（20.5%）

$$= 57.4\%$$

（有価証券報告書をもとに筆者算出）

では次に、2019年のROEを見てみましょう。ROEは前年の57・4%から50・5%に微減しています。とはいえ、その内容はずいぶん異なります。2018年のROEは**5-4**のように分解できました。

2018年と見比べてわかることは、売上高利益率が20・5%から13・5%に大幅下落していることです。財務レバレッジは1・80から2・36に上がっていることがわかります。

単に表面的なROEの数字だけ見ていると「微減」という判断しかできませんが、中身の構造が変化しているわけです。つまり、利益率が下がった分を財務レバレッジで補ったといえます。

具体的に何をしたのか、貸借対照表を見ると一目瞭然です【**5-5**】。短期借入金で借金をして自社株買いをしたことがわかります。自社株買いをすると「自己株式」ということで自己資本から控除される一方、その分は借入をしますから総資産は変わりません。したがって、財務レバレッジは分母が小さくなって分子がほぼ同額ですから、ROEの数値は自ずと高くなるというわけです。

5-4　㈱ZOZOのROE（2019年）

$$\text{ROE} = \frac{\text{当期純利益}}{\text{株主資本}} \times 100$$

$$= \frac{\text{当期純利益}}{\text{売上高}} \times \frac{\text{売上高}}{\text{総資産}} \times \frac{\text{総資産}}{\text{株主資本}} \times 100$$

（売上高純利益率）　（総資産回転率）　（財務レバレッジ）

$$= \frac{15{,}985}{118{,}405} \times \frac{118{,}405}{74{,}837} \times \frac{74{,}837}{31{,}678} \times 100$$

$$= 0.135 \times 1.58 \times 2.36 \times 100$$

（13.5%）

$$= 50.5\%$$

（有価証券報告書をもとに筆者算出）

5-5 ZOZOの連結貸借対照表（2019年）

（単位：百万円）

	前連結会計年度（2018年３月31日）	当連結会計年度（2019年３月31日）
負債の部		
流動負債		
買掛金	25	1,693
受託販売預り金	13,671	16,310
未払金	3,626	4,480
短期借入金	−	※2 22,000
未払法人税等	6,479	3,671
賞与引当金	25	395
役員賞与引当金	10	−
ポイント引当金	1,123	1,343
返品調整引当金	106	92
その他	2,174	2,258
流動負債合計	27,243	52,245
固定負債		
退職給付に係る負債	1,566	1,730
資産除去債務	603	1,028
事業整理損失引当金	−	812
その他	488	488
固定負債合計	2,659	4,059
負債合計	29,902	56,304
純資産の部		
株主資本		
資本金	1,359	1,359
資本剰余金	1,328	1,328
利益剰余金	38,204	44,252
自己株式	−	△24,412
株主資本合計	40,892	22,528
その他の包括利益累計額		
その他有価証券評価差額金	91	77
為替換算調整勘定	−	18
退職給付に係る調整累計額	△173	△77
その他の包括利益累計額合計	△81	17
新株予約権	−	110
純資産合計	40,810	22,656
負債純資産合計	70,712	78,961

（有価証券報告書から抜粋）

5-6　RICAP CB

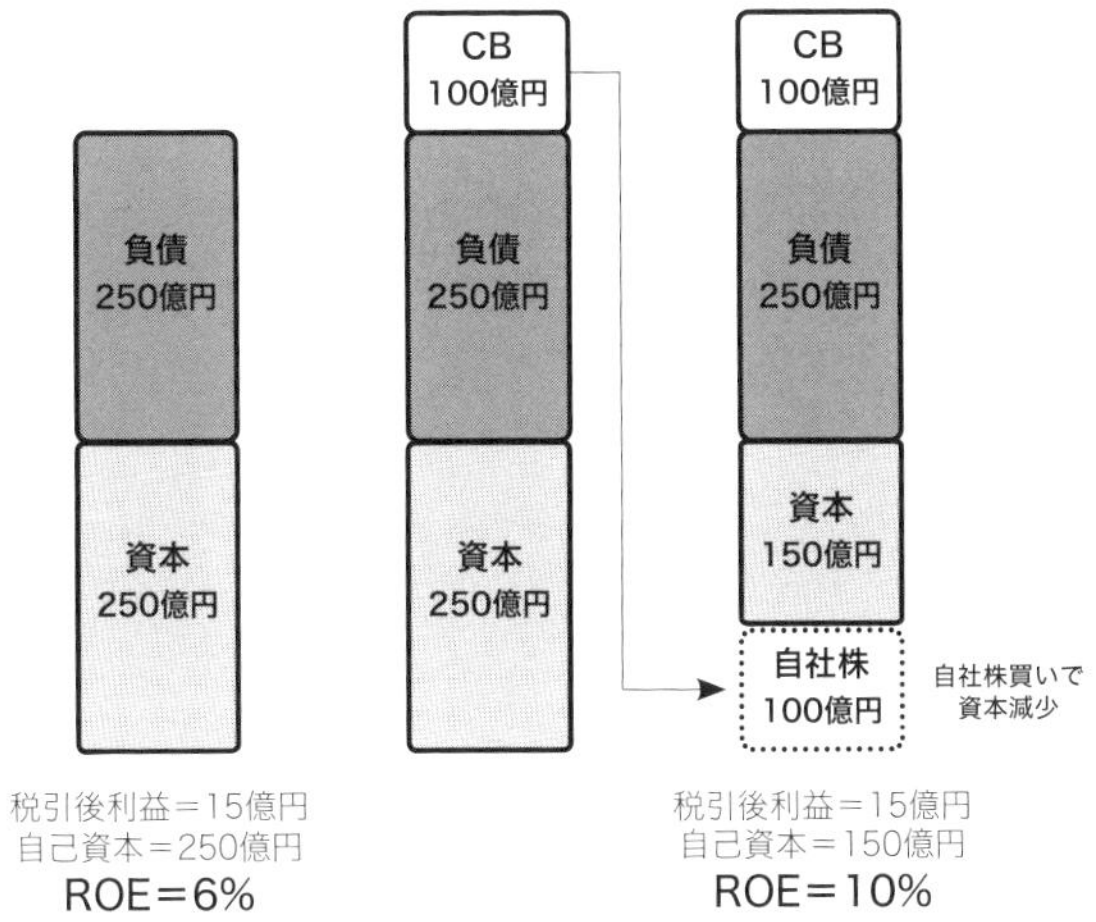

RICAP CB

こうした動きをさらにエスカレートさせたものがRICAP《リキャップ》 CBです。簡単にいうとCB*4で資金を調達し、それで自社株を購入してROEを改善する仕組みです。図で表すと**5-6**の通りです。

RICAP CBを発行する前のROEは6%*5でしたが、RICAP CBを発行して自社株買いを行ったことで負債が増加して資本が減少、レバレッジが高まって

---

*4　転換社債。将来株式に転換できる権利のある社債のこと。

*5　税引後利益15億円÷自己資本250億円。

ROE10%*6が達成できたわけです。

実際にRICAP CBを用いた日本ハム㈱の例を見てみましょう。

日本ハムは26年3月期に約300億円のRICAP CBを発行し、全額を自社株買いにあてています。そしてその際の3月7日付けの適時開示において、明確にROE7%（日本ハムは株主資本利益率）達成のために行ったと明言しています。

この部分について、もう少し掘り下げてみましょう。ヒントは日本ハム㈱の連結資本勘定計算書にあります*7【5－7】。これは、貸借対照表の「資本の部」の前年からの動きを詳細に記したものです。

ここにある「自己株式の取得」欄にある300億44百万円は、今回の自社株買いを指します。そして、298億18百万円は以前日本ハムが発行したRICAP CB（第5回新株予約権付社債）の株式の転換が急速に進み、一気に株主資本が増加してしまったことを示しています。つまり、2010年に発行したRICAP CBのROEを高める効力が転換によってなくなったので、もう一度発行せざるを得なかったということです。

＊6 税引後利益15億円÷自己資本150億円。

＊7 現連結株主資本等変動計算書。第6章参照。

5-7　日本ハム㈱の資本勘定計算書

当連結会計年度（平成25年４月１日～平成26年３月31日）

		資本金	資本剰余金	利益準備金	その他の利益剰余金	その他の包括利益（△損失）累計額	自己株式	当社株主資本合計	非支配持分	資本合計
区分	注記番号	金額（百万円）	金額（百万円）	金額（百万円）	金額（百万円）	金額（百万円）	金額（百万円）	金額（百万円）	金額（百万円）	金額（百万円）
平成25年４月１日現在		24,166	50,761	7,518	252,383	△ 8,773	△ 32,641	293,414	2,670	296,084
当期純利益					24,524			24,524	180	24,704
その他の包括利益	(注記⑫)					7,709		7,709	220	7,929
現金配当	(注記⑪)				△ 4,775			△ 4,775	△ 79	△ 4,854
利益準備金振替額	(注記⑪)			230	△ 230			−	−	−
自己株式の取得	(注記⑪)						△ 30,044	△ 30,044	−	△ 30,044
転換社債の転換			4,581				25,237	29,818	−	29,818
自己株式の処分	(注記⑪)		△ 23				25	2	−	2
転換社債の資本部分	(注記⑦)		336					336	−	336
平成26年３月31日現在		24,166	55,655	7,748	271,902	△ 1,064	△ 37,423	320,984	2,991	323,975

（有価証券報告書から抜粋）

5-8　日本ハム㈱の当期純利益と株主資本の推移

	平成25年4月	平成25年12月	平成26年4月
当期純利益	16,459	19,156	24,524
株主資本	293,414	313,315	320,984

（有価証券報告書より著者抜粋。単位：百万円）

RICAP CB 300 億円がすべて株式に転換され、当期純利益に変化がなかった場合の ROE

当期純利益 ÷｛(前期の株主資本＋第３四半期の株主資本＋転換額)｝÷２

＝(19,156＋0)÷｛(293,414＋313,315＋3,000)÷２｝×100＝6.3%

当期純利益と株主資本の推移を見てみましょう【5－8】。

もし、12月の四半期決算が終わったところで一気に転換が進んだとしたらどうなるでしょうか。仮にこの約300億円の転換がすべて第4四半期に起こり、損益トントンだったと仮定します。

すると、計算式のようにROEは目標値の7％を大きく割り込んでしまいます。ここまで極端ではないにせよ、目標値であるROE7％を割り込む懸念があったのは間違いありません。

ここでのポイントは、所詮小手先の手段でROEを改善したところで、永続性はないということです。

ちなみに日本ハムはこの後ROEに加えてROIC（投下資本利益率）を経営目標として追加するとともに、このCBの償還時期においてもRICAP CBは発行せず、通常の200億円の自社株買いで対応しました。

5-9　上場企業の自社株買い

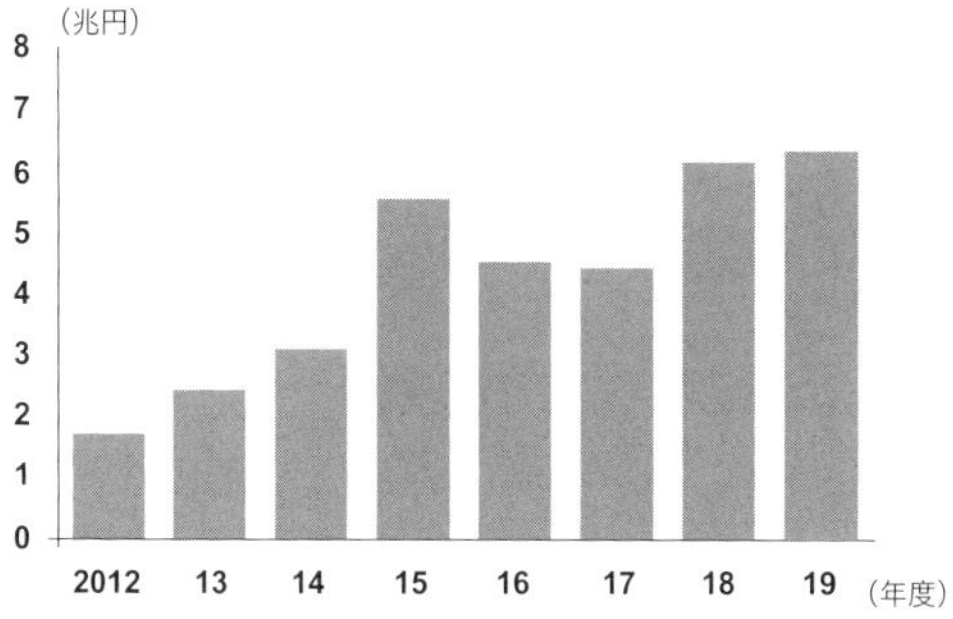

・東証1部、設定金額ベース
・QUICKより作成

（ニッセイ基礎研究所レポート　2020年1月28日を筆者加工）

小手先の手段によるＲＯＥ改善の愚

伊藤レポートでも指摘されていたように、日本企業の一番根本的な問題は売上高利益率が低いことであり、ＲＯＥはその単なる結果に過ぎないわけです。

ところが**5－9**を見てもわかるように、伊藤レポート以来自社株買いはどんどん増えています。

その結果どうなったかというと、一時期進んだように見えたＲＯＥの改善は、現状ではほぼ２０１４年度の水準に逆戻りしているのです。
やはり財務レベレッジをいじるだけのＲＯＥ改善は長続きしないと考えられます。[*8]
真のＲＯＥ改善への道を考えず、目先の数字を追ってしまうということは、日本の経営者に「経営者目線」が足りないのかもしれません。

＊8　無論、すべての自社株買いが財務レバレッジをいじる小手先の手段に過ぎないとはいいませんが。

コラム　「資本コスト」とは？

　そもそも伊藤レポートで出てきたＲＯＥ８％という数字は、資本コストを上回るＲＯＥの数値に８％が提唱されてのことです。

　ＲＯＥと比較される資本コストは正確にいうと株主資本コストで、株式投資家が期待する期待収益率といえます。この期待収益率は、国債などの安全資産の期待収益率にリスクプレミアムを加えた数値です。このリスクプレミアムは一般的にその企業の業績が安定していて、株価が乱高下しなければ低くなるものです。

　日本企業の資本コストとして機関投資家が想定している数字は７％超程度とされており、それを上回るＲＯＥ８％が必要だと伊藤レポートは提唱しているわけです。

　しかし、これは大まかな指針であって、個別企業で業績が安定しない企業にあってはそもそも資本コストが高いわけですから、そうした企業はより高いＲＯＥが求められるともいえます。本来は自社の資本コストを算定して目標ROEを定めるべきものといえるでしょう。

加えてもう1つ、資本コストを判断する概念にWACC（加重平均資本コスト、Weighted Average Cost of Capitalの略）があります。これは、企業が達成すべき投資利回りの基準になる数値を表します。企業の資金調達は必ずしも株式だけでなく有利子負債（借入金・社債など）もあります。企業が投資をした時の利回りとしてはこの調達にかかった資本コスト（WACC）を上回ることが求められるわけです。

コラム　RICAP CBで得をするのは誰か？

〝RICAP〟とは「リキャピタリゼーション」、つまり資本と負債の再構成のことです。ここでは主として自社株買いをして資本を減らし、その原資を負債（ここではCB）で調達することを指します。会計上、自社株買いをするということは資本の払い戻しと考え、「自己株式」という項目で株主資本から控除することになります。

〝CB〟とは新株予約権付社債のことです。新株予約権とは、将来「一定の条件」のもとで株式を購入できる権利です。つまり、社債の権利と株式の権利とを交換する権利ということです。そのため、持ち主が権利を行使すると、社債が減り株式が増えることになります（株主資本が増えます）。

つまり結果として、ＲＩＣＡＰとＣＢは、権利が行使されてしまえば一緒の結果になります。

そのため、「一定の条件」を厳しくする、例えば発行企業の株価が現状よりＸＸ％高くなったら行使ができる、それも瞬間値とかではなくある一定の期間上回ることを条件とする、といった例が一般的です。しかし、それでも償還期限までに転換されてしまい元の木阿弥になるという例は少なくないようです。

ところで、このR－CAP CBで一番得するのは誰かというと、証券会社と買い手のヘッジファンドなどです。証券会社のうたい文句は「実質発行手数料・金利ゼロで発行できる」ですが、実は100億円のCBでも「新株予約権」がついているわけですから、本当は106億円くらいの価値があったりします（これは金融工学でいう新株予約権部分のプレミアムに相当しますが、詳細な議論はあまりに専門的なので省略します）。

発行企業は102億円で販売して2億円を証券会社に手数料として払いますが、100億円と102億円の差額の2億円があるので実質手数料がゼロなわけです。106億円の価値のあるものを102億円とディスカウントして販売しているのですから、当然金利はゼロです。でも一番儲けているのは手数料をもらった証券会社と安く購入できたヘッジファンドで、損をしているのは会社と会社の株主という残念なことになります。

東京証券取引所も手元現金ではなくCBという形で行う妥当性、資本政策との整合性など、R－CAP CBに関する注意喚起をし始め、2015年をピークにかなり下火になってきたところです。

ROA（総資本利益率）

ROEと似たものに、ROAがあります。ROEは分母が株主資本でしたが、ROAは総資本になっているところに違いがあります【5-10】。

ROEの説明のところで、小手先の財務レバレッジを調整することに批判的な視点で書きましたが、財務レバレッジを調整しないということはROAつまり資産効率を改善することになります[*9]。

例えばZOZOのように自社設備を持たな

5-10　ROAの分解式

$$\text{ROA} = \frac{\text{当期純利益}}{\text{総資本（総資産）}} \times 100$$

$$= \frac{\text{当期純利益}}{\text{売上高}} \times \frac{\text{売上高}}{\text{総資本（総資産）}} \times 100$$

（売上高純利益率）　（総資産回転率）

*9 【ROE＝ROA×財務レバレッジ】なので、財務レバレッジをいじらないということは、必然的にROAを改善しないといけません。

5-11　㈱幸楽苑と㈱オリエンタルランドのROA

	㈱幸楽苑HD	㈱オリエンタルランド
売上高	41,268	525,622
当期純利益	1,009	90,286
平均総資産	18,150	981,064
売上高利益率	2.4%	17.2%
総資産回転率	2.3	0.5
ROA	5.6%	9.2%

（2019年3月期有価証券報告書をもとに筆者作成）

い手数料ビジネスがうまくいくと、売上高利益率が高くかつ総資産回転率も高く、その結果ＲＯＡが高いことになります。

ただし、一般的な業態であれば薄利多売で売上高利益率は低いが総資産回転率は高く、そのためにスピード感をもって資産を活用しているか、逆に厚い利幅を確保してじっくりと資産を活用していくかの２つのタイプになります。ここでは代表的な２社の例を見ていきます【5－11】。

まず低価格のラーメンチェーンで典型的な薄利多売なビジネスを展開する㈱幸楽苑ホールディングスです。売上高利益率は低いですが、その分総資産回転率は一般的な企業の１・０程度と比べて２倍以上になっており、とにかく効率的に資産を回転させていることがわかります。つまり薄利なラーメンをたくさん売ることで、高めのＲＯＡを確保しているのです。

一方東京ディズニーリゾートの運営会社である㈱オリエンタルランドは、売上高利益率が17・2％と厚い利幅を確保しています。しかし、一方でディズニーランドやディズニーシーといった大きな設備を持っていますから、必然的に回転率は低めになり、じっくり利益をとっていく形のビジネスになります。

このように、企業の特性によってＲＯＡの値は変わってくることがわかりました。では、そもそもＲＯＡはどのくらいの数値を目指すべきなのでしょうか。単に表向きの数字だけを比べても、企業の特性がそれぞれにあるわけですから、一概にいうのは難しいところがあります。

そこで出てきたのが、ＷＡＣＣ*10（ワック、加重平均資本コスト）を上回るＲＯＡを目指そう、という議論です。しかし、ＲＯＡの分母である資産の調達サイドには営業負債があります。一方でＷＡＣＣは、有利子負債と資本等のコストの加重平均で、営業負債部分は含みません【5－12】。したがって、「投資家目線」でＲＯＡをＷＡＣＣと比較すると不正確になってしまいます。そこで今注目され

＊10
債権者へのコストと株主へのコストを加重平均することによって計算します。Weighted Average Cost of Capitalの略。詳しくはコラムを参照。

ているのがROIC（投下資本利益率）です。

5-12　WACC（加重平均資本コスト）とROA

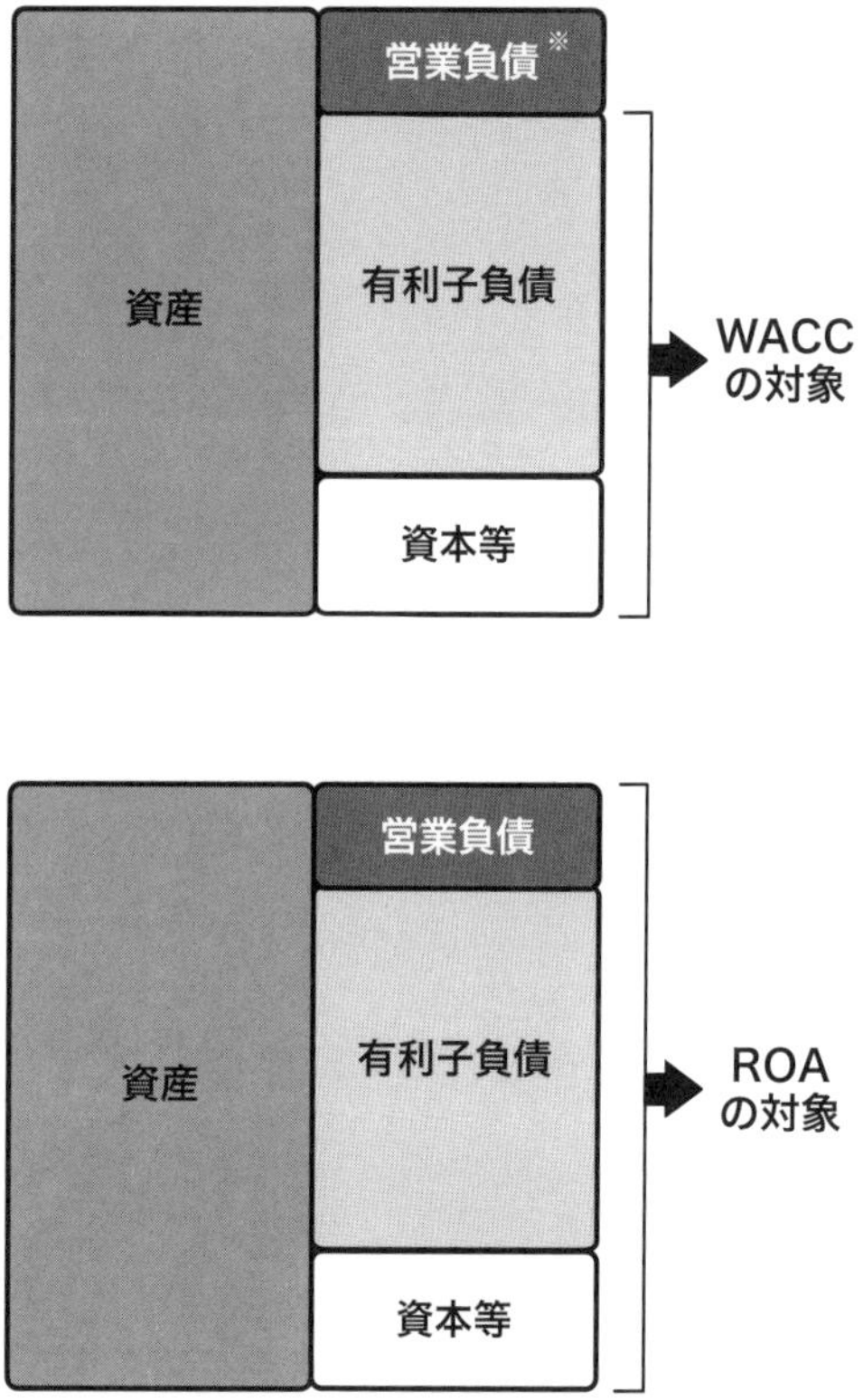

※「営業負債」には、主に支払手形や買掛金などがある

ROIC（投下資本利益率）

ROIC（Return on Invested Capital）とは、税引後営業利益（NOPAT[*11]）を投下資本[*12]で割ることで求める指標で、投下資本利益率と呼びます。

ROICは、調達した資本から本業でどの程度儲けたかを示す指標で、この数値がWACC（加重平均資本コスト）を上回っていれば、調達した資金を効率的に運用していることになるわけです【5－13】。

しかし、ROICを導入したとしても、以前伊藤レポートのところで述べたように、このままではビジネスの現場で使う指標にはなかなかなりません。

そこでまず第一段階として行われるのが、事業部門ごとのROICの設定です。とはいえ、事業部門ごとに有利子負債・資本を区分するのは技術的に大変難しいところがあります。したがって事業部門でROICを使用する場合は以下のよう

＊11　税引後営業利益（NOPAT）は営業利益×（1－税率）で表します。

＊12　有利子負債＋株主資本の平均。

5-13　ROICの分解式

ROIC（投下資本利益率） ＝ 税引後営業利益〔営業利益×（1－実効税率）〕 / 投下資本〔自己資本＋有利子負債〕 × 100 ＞ WACC（加重平均資本コスト）

➡ WACCを上回るROICになっていれば、調達した資金を効率的に運用できていることになる。

5-14　ROICを事業部門ごとに導入する場合

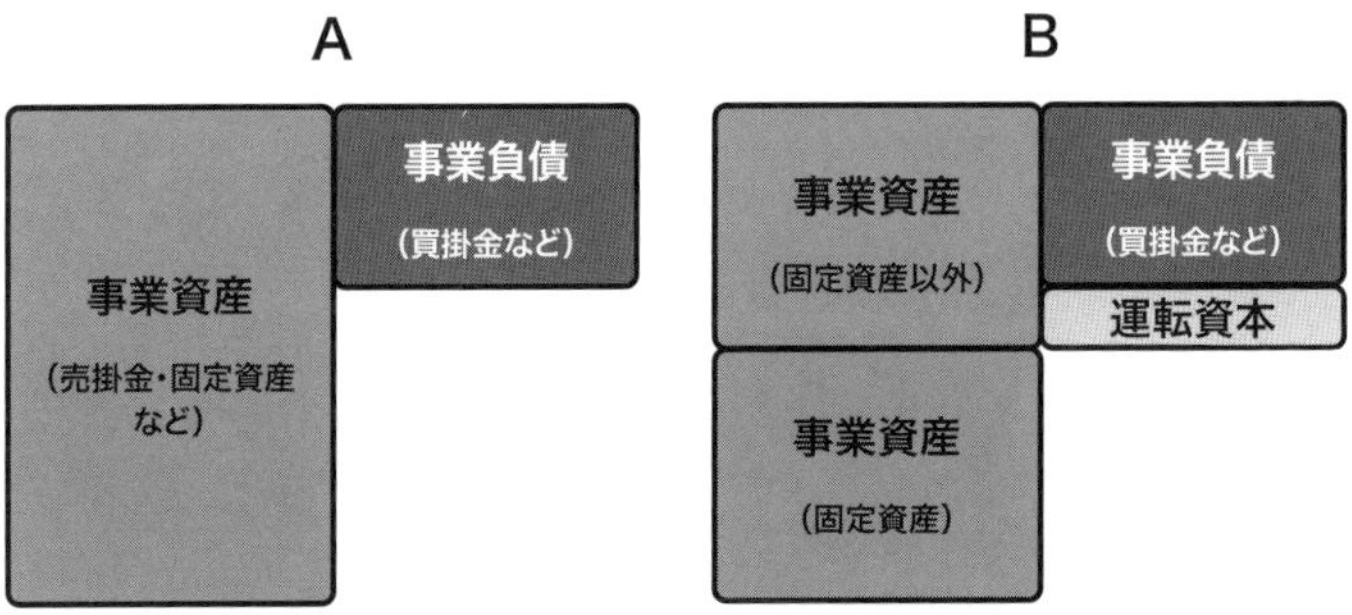

A ➡ 営業利益※1 / （事業資産 － 事業負債）

B ➡ 営業利益 / （運転資本※2 ＋ 固定資産）

※1　事業部門は税金支払額に関してはコントロールできないので税引前の数字です

※2　Bの式だと「運転資本を減らそう」という意識が働きやすくなります。

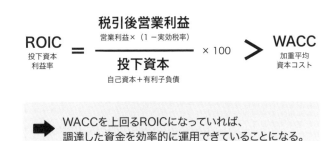

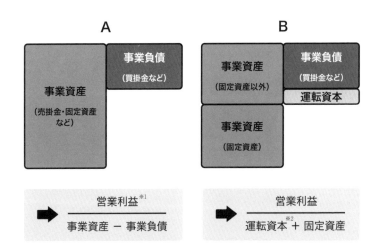

5-15　事業部門ごとのROICの例

	A事業	B事業	全社
営業利益	200	50	250
投下資本	2,000	200	2200
ROIC	10%	25%	11%

（単位：億円）

な式で行います【5-14】。

これによって、「花形部門」の考え方が変わる可能性があります。上の**5-15**を見てください。

今までなら、事業の管理というと営業利益ベースで考えるのが一般的でした。そのため、上の例のように2事業しかないとすると、全社の80%の利益をたたき出しているA事業が花形でした。

しかし、ROICで見ると必ずしもそうではないことがわかります。B事業は25%と素晴らしいROICをたたき出している反面、A事業のために全社的なROICは11%まで下がってしまうことがわかります。

ただし、このようにROICを機械的に導入することには危険も伴います。もし、A事業の大型投資が今年されたものだとしたらどうでしょうか。*13　一般

*13　当たり前ですが、投資をしてその利益がすぐに上がることはありません。

的には投資した年のＲＯＩＣは低下しますから、単に目先のＲＯＩＣを追い求めると長期的な投資を抑制するインセンティブになってしまいます。そういった意味でＲＯＩＣの使用方法には注意が必要なわけです。

こうした負の側面を克服してＲＯＩＣ経営を導入しているのがオムロン㈱です。

オムロンのＲＯＩＣ経営

ＲＯＩＣは投資家へのＩＲなどで提示されることはあっても、社内の指標として語られることはまだまだ少ないのが一般的です。しかしオムロンは、きちんとＲＯＩＣを各事業部門まで浸透させているため、「ＲＯＩＣ経営」と呼ばれて評価されています。

ＲＯＩＣの計算式は先に記載した通りですが、これをオムロンでは以下のように翻訳しています【5－16】。

まず投下資本の部分（分母）については、必要な経営資源に投下する一方、滞

5-16　オムロン㈱のROIC経営①

■ ROICの一般式

$$\text{ROIC} = \frac{\text{営業利益} \times (1 - \text{実効税率})}{\text{投下資本}}$$

■オムロンとして「ROIC逆ツリー」で活用している式

$$\text{ROIC} = \frac{\text{当期純利益}}{\text{売上高}} \times \frac{\text{売上高}}{\text{投下資本（運転資金＋固定資産）}}$$

■「ROIC逆ツリー」の現場起点で進化した翻訳式

$$\text{ROIC} \fallingdotseq \frac{\text{お客様（ステークホルダー）への価値}\uparrow\uparrow}{\text{必要な経営資源}\uparrow + \text{滞留している経営資源}\downarrow}$$

必要な経営資源：「モノ・カネ・時間」　滞留している経営資源：「ムリ・ムダ・ムラ」

⑴ 価値創造のために必要な経営資源（モノ、カネ、時間）を果敢に投入する。

⑵ それ以上に、お客様への価値を大きくする

⑶ 滞留している経営資源（ムリ、ムダ、ムラ）を減らして「必要な経営資源」にシフト / 投入する。

（オムロン「統合レポート 2018」をもとに作成）

留していている経営資源は減らしていくということを提唱しています。そのうえで顧客への価値を上げていけば自然に利益も上がっていく、という考え方です。

こういったイメージ図で「現場で使える指標」にするとともに、この意識を事業部門に浸透させるため各事業部門の財務・経理担当者がわかりやすい説明に努めています。

このROIC経営の柱に据えているのが、「ポートフォリオマネジメント」と「ROIC逆ツリー展開」の2つです【5－17】。

「ポートフォリオマネジメント」は、前述した目先のROICを追い求めて失敗しないような仕組みと考えれば良いでしょう。各事業分野をROICという切り口だけでなく、多面的に評価しているのが特長です。

経済価値評価ではたとえ目先のROICが低くなっても、売上高成長率が高い分野は「成長期待領域」としています。そして、一般的な競争戦略での市場シェアと市場成長率を見た市場価値評価も行い、複眼的にとらえているわけです。

そして、さらに有名なのがROICを現場レベルの指標に落としたROIC逆ツリーです。**5－18**のようにROICを分解して、各部門の現場に近い指標で

5-17　オムロン㈱のROIC経営②

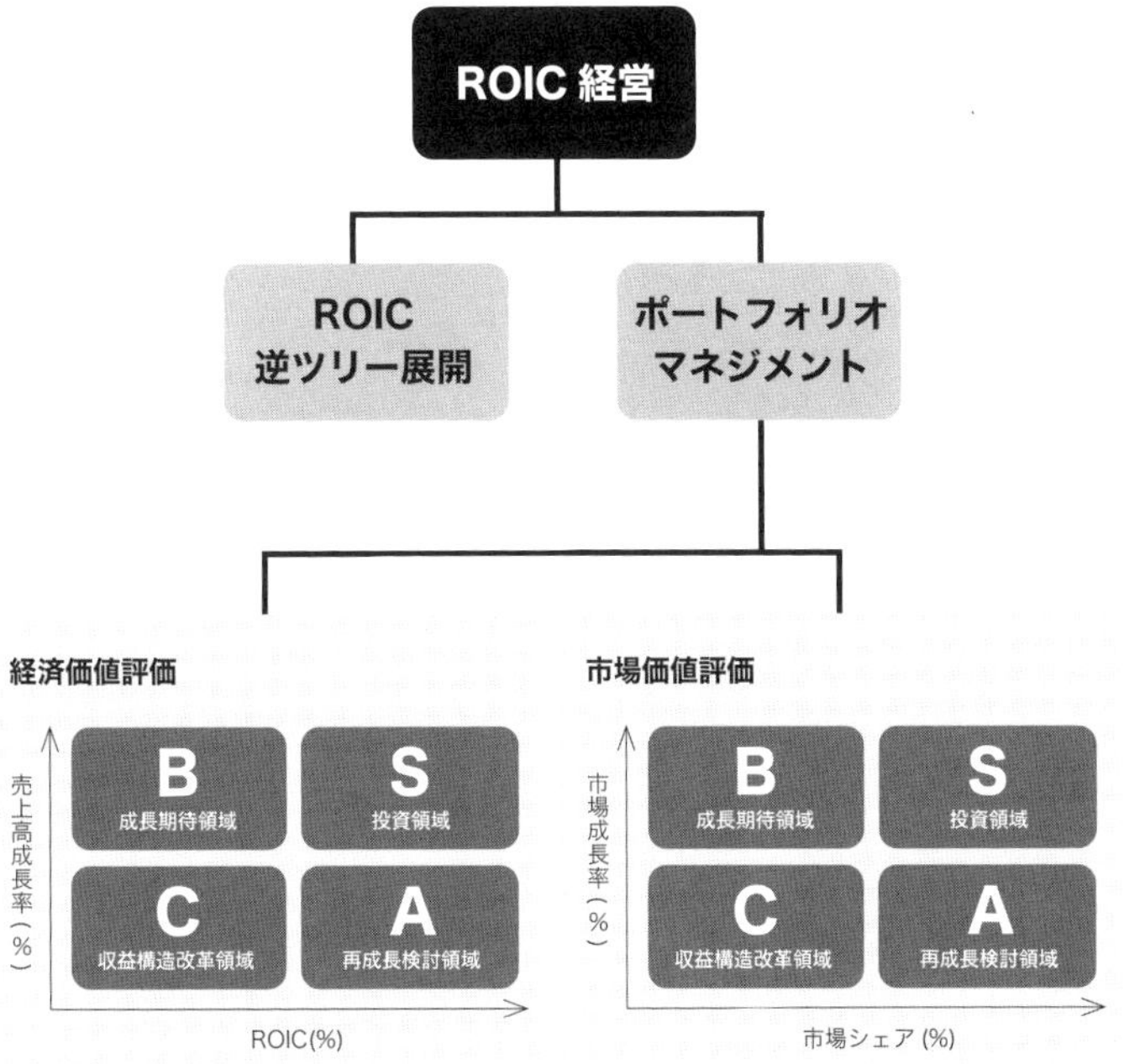

（オムロン「統合レポート 2018」をもとに作成）

5-18　オムロン㈱のROIC経営③

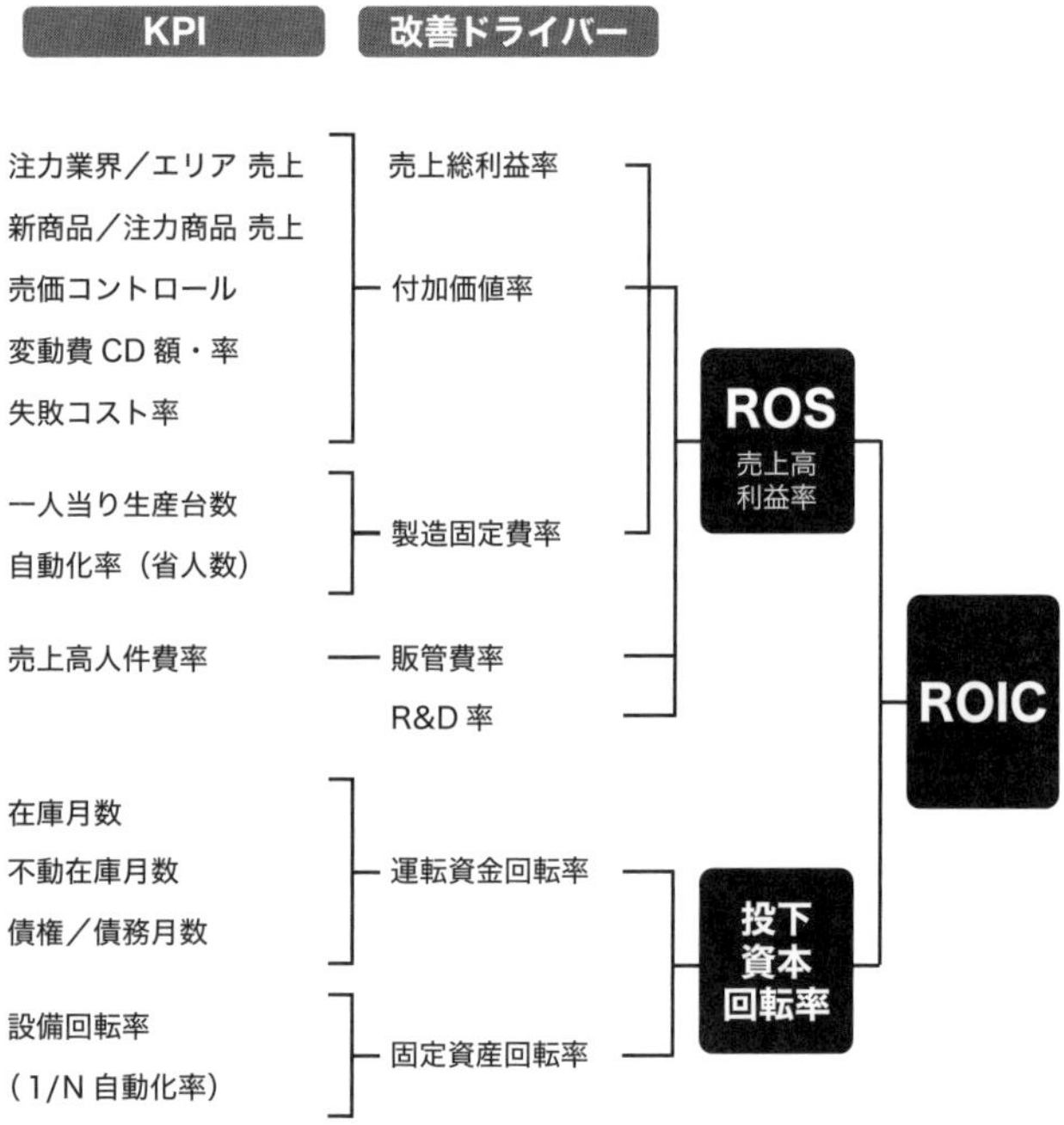

（オムロン「統合レポート 2018」をもとに作成）

ＲＯＩＣを向上させるイメージをつかんでもらう工夫がなされています。

このツリーがユニークな点は、形状が「逆ツリー」になっていることです。普通は左から右に分解されていく形でツリー図を表すところを、逆にしていることがわかるでしょう。これは現場主導で指標達成していけば、最終的にＲＯＩＣは達成できるというボトムアップ的な志向があります。いわゆるトップの命令下で細分化された目標を達成するといった視点ではないわけです。

それでは、このＲＯＩＣツリーを使って他の会社の事例を見ていきましょう。

例として挙げるのは㈱レオパレス21と大東建託㈱です。[*14] ともにアパート建築と賃貸を事業の2本柱にしており、サブリース（転貸借）というモデルで成長しました。具体的には、地主さんの相続対策等でアパート建築を請負い、その後そのアパートをサブリースという方式で借り上げて店子を募集、アパートオーナーである地主には定額収入を保証するというモデルです。[*15]

この2社のＲＯＩＣを比べると２０１８年3月期はレオパレスも11％と良いですが、大東建託は34％とけた違いに高いＲＯＩＣを達成しています。この中身をＲＯＩＣツリーで見てみましょう【5－19】。

＊14
レオパレス21はアパート建築における欠陥物件が問題になって2019年3月期は大幅赤字に転落しましたが、もともとROIC経営を行い、経営改善を目指していた企業でした。

＊15
こうすることで、オーナーは賃貸経営にかかる手間が省け、空室リスクを軽減できるなどのメリットがあります。

ＲＯＩＣを分解してみると、営業利益率は８・１％と不動産業として飛び抜けて高いわけではありませんが、レオパレスは４・３％とかなり低くなっていて、原価率、販管費率ともレオパレスを上回っていることがわかります。

特徴的なのは投下資本回転率（売上高÷固定資産）の高さです。

通常不動産業は、収益性は高くとも巨大な固定資産をゆっくり回すモデルが多いため、この値は小さめになります。しかし、両社ともかなり高めの数値で、特に大東建託の固定資産回転率は非常に高い値です。大東建託は自社賃貸物件をほとんど持っておらず、不動産会社なのに「持たざる経営」になっているからです。レオパレスは多少自社賃貸物件を持っていることと、ホテル事業などをある程度展開していることから大東建託に比べて低めになっています。

また、両社とも運転資本回転期間はマイナスになっていることも眼を引きます。ともに前受金という形で先にお金を入れてもらうビジネスモデルになっており、資産の運用としてはかなり効率的な体系になっているといえるでしょう。

5-19　大東建託㈱と㈱レオパレス21のROICツリー

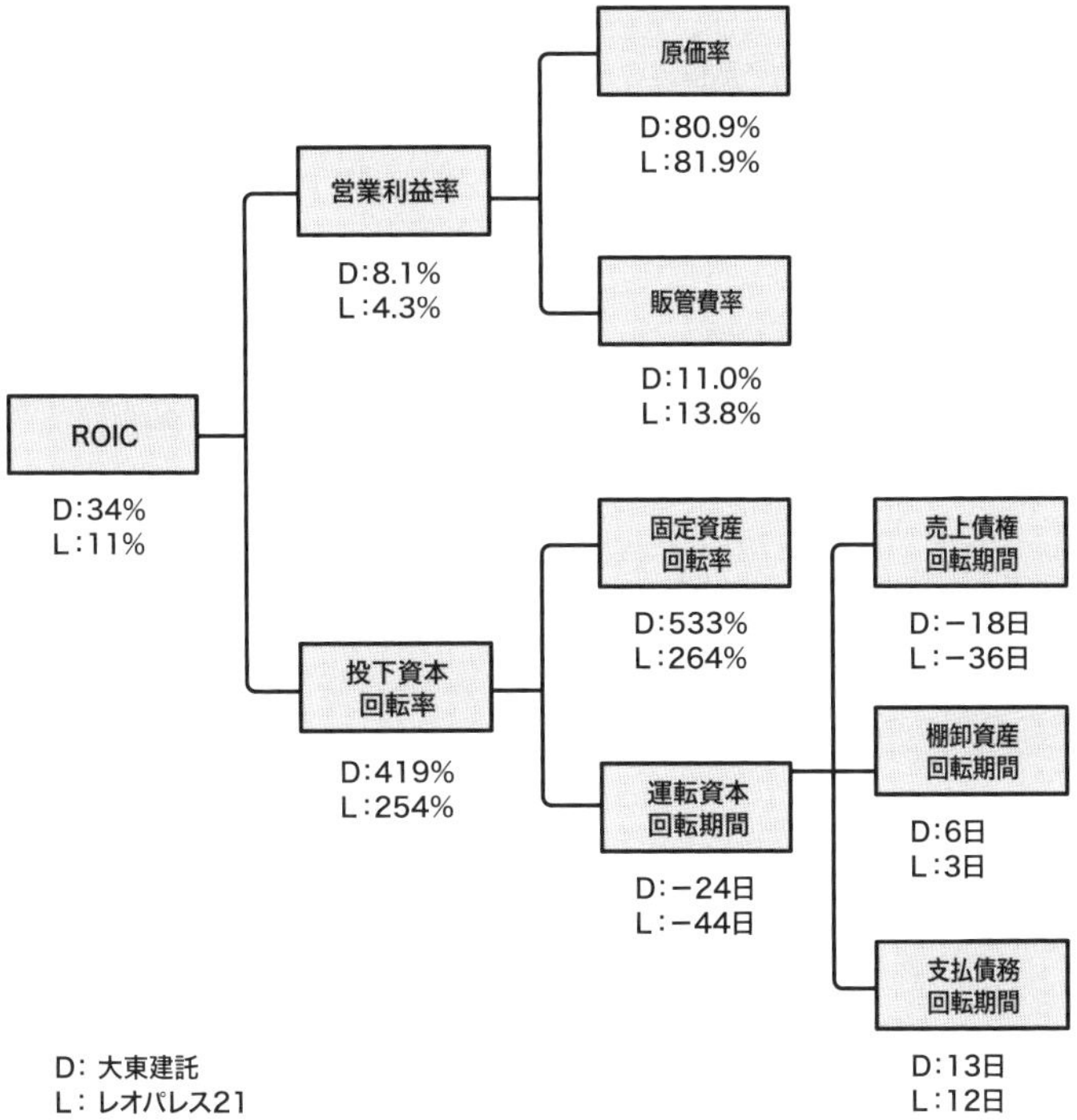

（2018年３月期有価証券報告書をもとに筆者作成）

PERとPBR

PER[*16]は株価収益率、PBR[*17]は株価純資産倍率を表します【5－20】。この2つの指標は経営目標というよりも株式投資に使われる指標です。それでも、株主が気にかけている指標ですから、無視するわけにはいきません。

PER（株価収益率）

企業が稼ぎ出した純利益は基本的には株主のものです。したがって、PERは現在の（予想）純利益を想定すると、「何年で株式に投資した額を回収できるのか」を表す数値になります。業種によって異なりますが一般的には15倍以下だと「割安」といわれているようです。

＊16
Price Earnings Ratio の略。

＊17
Price Book-value Ratio の略。

5-20　RERとPBR

$$\text{PER（株価収益率）} = \frac{\text{株価}}{\text{1株当たり（予想）純利益}}$$

現在の株価は、1株当たり（予想）純利益の何倍まで買われているかを表す。株主にとっては「投資したお金を何年で回収できるか」を意味する。

$$\text{PBR（株価純資産倍率）} = \frac{\text{株価}}{\text{1株当たり純資産}}$$

現在の株価は、1株当たり純資産の何倍まで買われているかを表す。「解散価値」ともいわれる。

ＰＥＲの分母は、会社側が出している予測利益ですから、将来ガンガン利益が上がっていくと予測するならば、株価は上昇し平均より高いＰＥＲとなります。それでも投資家は株を買ってくれるわけです。

つまり投資家からすると、ＰＥＲが10倍未満くらいでも、将来どんどん尻つぼみになるような企業でしたらこれでも高いと判断できますし、ＰＥＲが30倍くらいでも将来2倍、3倍と利益を増やしていくような企業であれば、それでも安いと判断できるわけです。

こうなると、投資家目線を考慮に入れた経営者としては、いかに将来の獲得利益に対して投資家に夢を与え、信じてもらえるかが大事になることがわかります。[*18]

わかりやすい例を挙げてみましょう。オイシックス・ラ・大地㈱という企業があります。有機野菜などの安全食材の配達サービスを提供していますが、２０２０年の新型コロナウイルスの問題で大きく注目を受け株価が上昇しました。予想利益によるＰＥＲはコロナ問題が大きくなる2月3日終値時点では１０１２円でＰＥＲ34・4倍でした。一般的にはこの数字でも割高でしょう。しかし、コロナ問題が大きくなった4月22日現在では、株価は１６８０円でＰＥＲ57・1倍ま

＊18　そのために中期経営計画の発表やさまざまなＩＲ活動を行うわけです。

で上昇しています。これはあくまでも仮説ですが、将来の食材宅配のニーズが高まることで、純利益は現状の会社予想である年10億円どころではなく、おそらく3倍以上になると投資家が予想していると考えられます。

PBR（株価純資産倍率）

次にPBRを見てみましょう。PBRで使う「1株当たり純資産」の純資産は、貸借対照表上の資産から負債を差し引いたものです。

もし、会社がこの時点で解散したら、資産を処分して負債を返済し、残りを株主で分配することになります。

したがって、1株当たり純資産というのは解散時に株主が受け取る金額となります。そうすると基本的には1株当たり純資産＝株価になり[*19]、PBRは1倍になると考えられます【5－21】。

しかし、現実はPBR10倍を超えるような会社もあれば0・1倍といった企業もあります。これはなぜなのでしょうか。

このことを考えるにあたって注目したいのは、〝資産の価値〟です。貸借対照表

＊19　言い換えると純資産＝株式時価総額（株価×発行済み株数）になるということです。

5-21　PBR

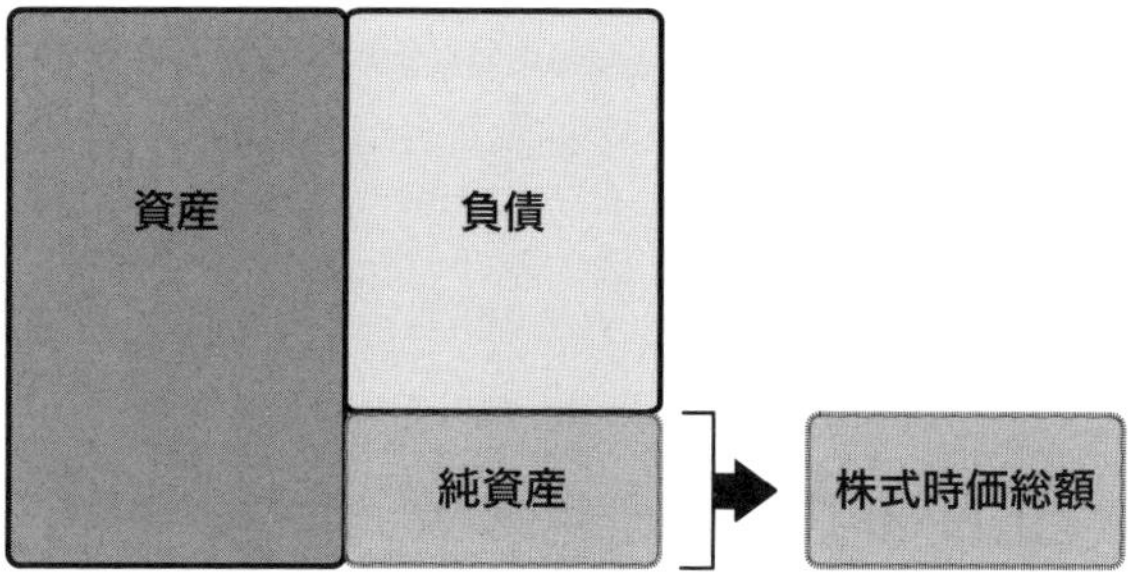

理論的には、1株当たり純資産は1倍になる
（純資産＝解散時に株主が受け取る金額）

で表される資産の価値は原則簿価であるということ、つまり本来の価値を示しているとは限らないということです。

5−22に示したのは㈱オリエンタルランドの内訳です。

ＰＢＲは５・９倍と非常に大きな値となります。とはいえよく考えてみると、オリエンタルランドの持つ資産を同額の資金で作ることは容易ではありません。

もしかすると建造物だけはできるかもしれませんが、キャラクターのブランド、運営技術な

5-22　㈱オリエンタルランドのPBR

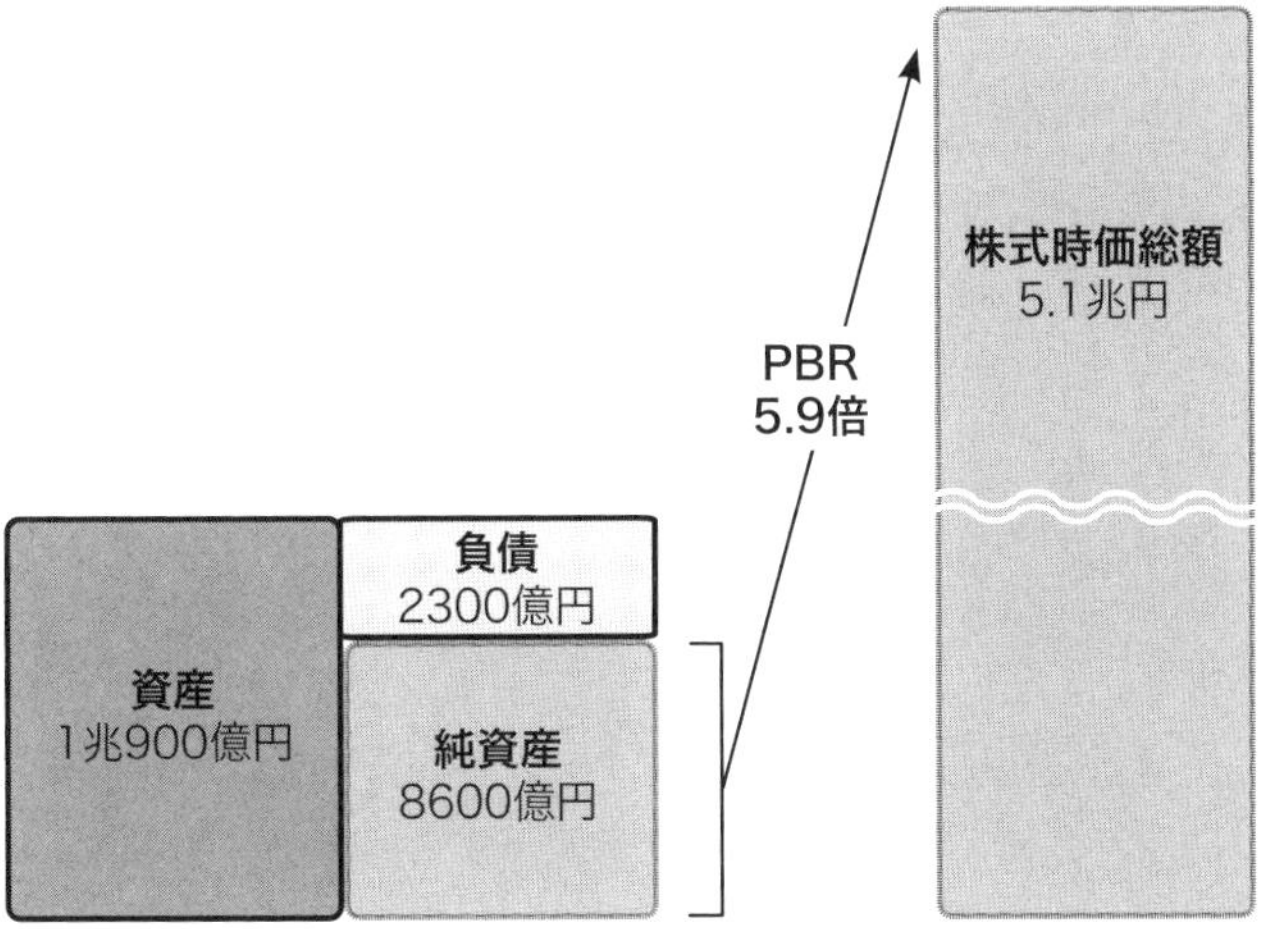

（2019年度第３四半期決算より筆者作成、時価総額は2020年4月23日時点）

どを考えるとほぼ不可能でしょう。

　つまり、貸借対照表上に記載された数字としての資産だけでは測れないような価値が、オリエンタルランドの資産にはあるわけです。

　それも評価されて、このような高ＰＢＲになっているといえるでしょう。

第6章

ここだけ読めば使える！
有価証券報告書

「有価証券報告書」とは何か？

上場企業の決算書関連の資料には、決算説明会資料などの任意資料、決算短信、有価証券報告書の3つがあります【6－1】。

このうち決算説明会資料は任意資料ですから、内容はその企業によって大きく異なります。[*1] 決算説明会資料は、決算（過去の実績）そのものというより、将来どのように変わっていくかということに力点が置かれているケースが一般的です。[*2] しかし、「決算を見る」ということに限れば、決算短信または有価証券報告書を見ることになります。

決算短信との違い

＊1
非常に丁寧にわかりやすく解説しているものから、ほとんど通り一遍の財務数値が載っているだけのものまで玉石混交です。

＊2
企業によっては、非常に丁寧に、初心者にもわかるように財務数値を解説している場合もあります。

6-1　上場企業の決算書関連資料とその違い

	決算説明会資料	決算短信	有価証券報告書
目的	会社のアピール	情報をざっくりと早く	詳細で確実な情報提供
力点	会社の将来性	会社の経営成績	会社の詳細
自由度	大きい	あまりない	あまりない
作成時期	決算短信発表後	決算日後45日以内	決算日後3か月以内
根拠	特になし	取引所ルール	金融商品取引法

決算短信は決算発表の内容をまとめた「速報」で、証券取引所の適時開示ルールに従って提出が求められるものです。一方有価証券報告書は金融商品取引法に基づく書類です。決算短信は決算日後45日以内*3、有価証券報告書は3か月以内に提出することとされています。

決算短信は法律に基づくものではないため、会計監査がされていません。もちろん有価証券報告書に決算短信と異なる数字は原則載せませんので、会計監査人と合意した正確な財務数値が載っていると考えて差し支えありません。したがって、株式投資家などが重視するのは適時性から見て決算短信だといえます。

一方有価証券報告書は適時性について

*3　ただし30日以内が望ましいとされています。

は劣りますが、その企業を理解するうえで優れています。財務数値の説明が丁寧なほか、財務数値以外の定性的データも載せており、ＸＢＲＬ形式でダウンロードすればエクセルで見ることもできます。

有価証券報告書の構造

ここではその構造について簡単に述べたいと思います。ただし、本書では「機関投資家や証券アナリストなどのプロではない方が決算書を読み込むために必要な、背景情報を入手するのに有用な読み方」という観点で説明します。

ところで、上場企業は四半期ごとの業績開示も求められており、四半期の決算短信と四半期報告書が開示されています。これらは年間の決算短信や有価証券報告書よりも簡略化された方式の開示ですので、ここでは説明を省略します。

有価証券報告書は、第一部の「企業情報」と第二部の「提出会社の保証会社等の情報」に分かれます。ただ第二部はあまり見る必要がないので、主として第一部について取り上げます。

6-2　有価証券報告書 第一部の構造

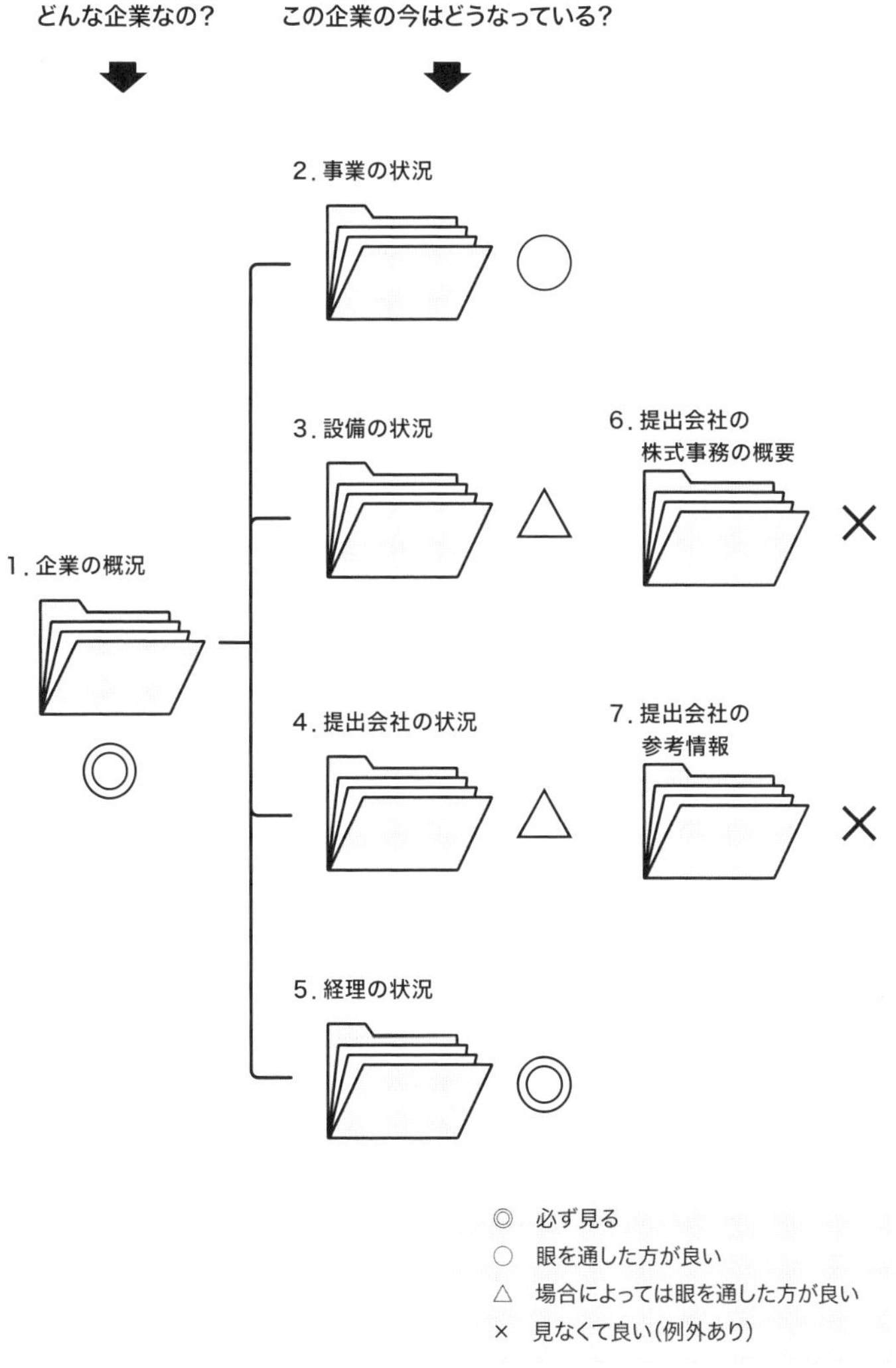

第一部は**6－2**のような構造になっています。

1は中長期的な視点で「どんな企業か」が書かれており、以後2～7までは企業の現況について書かれています。

順番としては1から5にかけて財務三表をさっと見た後、2と5の注記などをじっくり読み、必要に応じて3と4に眼を通すという流れで良いでしょう。6と7は一部の例外を除いて見る必要はありません。

「有価証券報告書の読み方」を詳しくやるとそれだけで一冊の本が書けてしまいますから、本書ではポイントだけを述べていきます。

企業の概況

企業の概況は、次の5つに分かれています。

1【主要な経営指標等の推移】◎
2【沿革】△
3【事業の内容】△
4【関係会社の状況】△
5【従業員の状況】△

重要なのは1【主な経営指標等の推移】です。5年間の経営指標が載っていますから会社の数字を一気に把握することができます。まず初めに「連結財務指標等」があり、その後に「提出会社の経営指標等」が掲載されています。[*4]

2～5は必要に応じて見るべきカテゴリーです。例えば【沿革】と【事業の内容】を見れば、どんな会社なのかがよくわかります。

特に3【事業の内容】では、図を使って丁寧に事業モデルを説明していることもあります。どんな事業モデルかを知るにはうってつけの内容です。

例えば上場企業で㈱アイ・ピー・エスという企業は、東証マザーズに上場している通信ネットワークの提供をしている企業とJASDAQスタンダードに上場しているSAPの導入サポートをしている企業の2社があり、その業界に詳しい方以外は名前を聞いてもすぐどちらの会社で、どういった事業内容か区別がつきません。そういった時に2【沿革】、3【事業の内容】を見るとどんな会社かがよくわかります。

6－3の図は、東証マザーズに上場している㈱アイ・ピー・エスの「事業内容」です。

＊4
「提出会社の経営指標等」はいわゆる親会社単体の財務諸表なので、純粋持ち株会社などの場合は単なる本社部門に過ぎず、見る必要はありません。

6-3 ㈱アイ・ピー・エスの「事業の内容」

図１　国際通信回線の概略

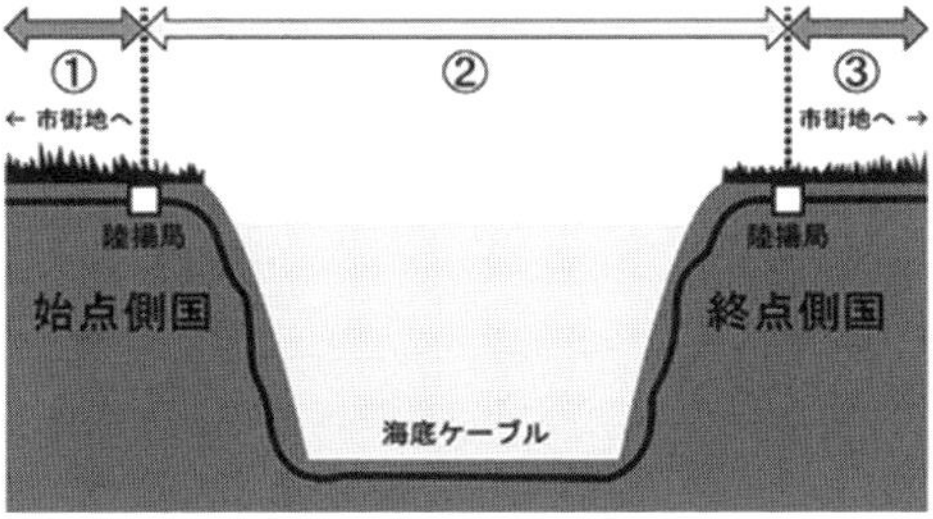

図２　海外通信事業の取引の流れ

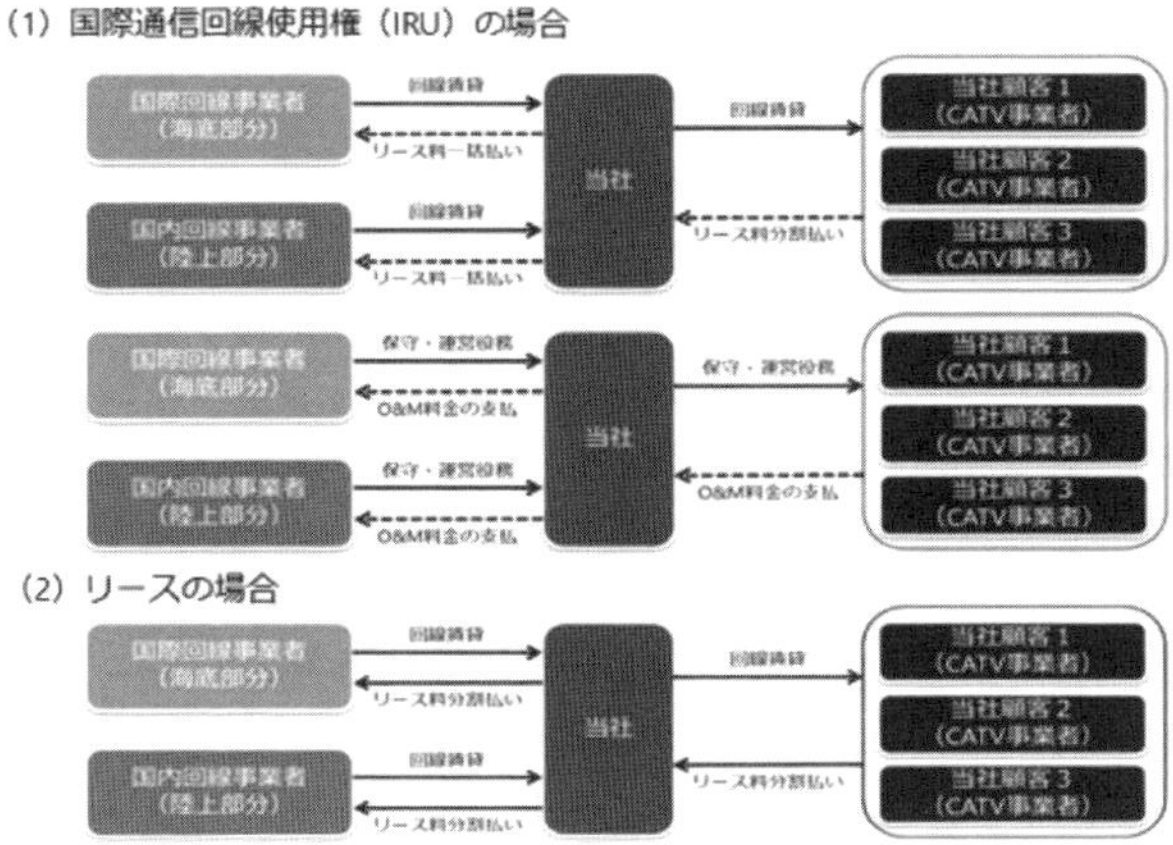

（第27期有価証券報告書より抜粋）

4【関係会社の状況】については、M&Aを積極的にやっていることや、コングロマリット的に多方面に事業展開している企業は意外な子会社がある等、力を入れている方向が見えてくることがあります。

例えば三菱商事は、昔ながらの商社のイメージからはだいぶ違った実状が見えてきます。ローソンの株式を50・12％所有していることは有名ですが、その他にも、成城石井を100％、伊藤ハム米久ホールディングスを39・23％、かどや製油（ごま油で有名）を有するなど、かなり消費者に近いビジネスに舵を切りつつあるのだとわかります。

5【従業員の状況】には従業員の人数が記載されており、労働生産性指標を測る際に使用します。よく経済誌で給与ランキングが記載されることがありますが、それはこの【従業員の状況】に記載された「平均給与」をランキングにしたものです。ただし、この平均給与は「提出会社」の給与なので、あくまでも親会社の給与であって、その企業グループ全体の平均給与を表したものではありません。一般的には「親会社」とは本社部門ですから、高給となるケースが多いです。そのため組織の再編によって、平均年収が見かけ上300万円近く下落するといった

6-4　キリンホールディングス㈱の「従業員の状況」

(2) 提出会社の状況

2018年12月31日現在

従業員数(人)	平均年齢(歳)	平均勤続年数(年)	平均年間給与(円)
20	44.8	20.1	11,586,520

（2018年有価証券報告書より抜粋）

(2) 提出会社の状況

2019年12月31日現在

従業員数(人)	平均年齢(歳)	平均勤続年数(年)	平均年間給与(円)
1,070	42.91	15.6	8,957,227

(注) 1　従業員数は就業人員であります。
2　平均勤続年数は、雇用形態及び出向元の会社により勤続の積算方法が異なるため概算となります。
3　平均年間給与は、賞与及び基準外賃金を含んでおります。
4　前事業年度末に比べ従業員数が1,050名増加しておりますが、主として2019年７月１日付で当社の連結子会社であるキリン㈱を吸収合併したことによるものであります。

（2019年有価証券報告書より抜粋）

ことも起きます。

6-4はキリンホールディングス㈱の2018年および2019年有価証券報告書の抜粋ですが、平均年間給与が1158・6万円から895・7万円に急減しています。これは事業会社（子会社）であるキリンを親会社のキリンホールディングスが吸収合併したことで生じたことです。

つまり比較的低賃金の方々を子会社に移してしまえば平均給与は高くできるわけですから、参考値程度に考えておくと良いでしょう。

事業の状況

事業の状況は、次の5つに分かれています。

1【経営方針、経営環境及び対処すべき課題等】
2【事業等のリスク】
3【経営者による財政状態、経営成績及びキャッシュ・フローの状況の分析】
4【経営上の重要な契約等】
5【研究開発活動】

この部分は各企業によって差異があり、非常に丁寧に記載している企業とホームページで紹介している程度しか記載がない企業とに分かれており、後者が9割

6-5　トヨタ自動車㈱と日産自動車㈱の「事業の状況」

	トヨタ自動車㈱	日産自動車㈱
経営方針、経営環境及び対処すべき課題等	4	2
事業等のリスク	4	6
経営者による財政状態、経営成績及びキャッシュ・フローの状況の分析	29	5
経営上の重要な契約等	0.5	1
研究開発活動	0.5	2

（2018年度有価証券報告書をもとに作成）

以上を占めている印象です。

6－5は、トヨタ自動車㈱と日産自動車㈱の２０１９年３月の有価証券報告書「事業の概況」についての記載を、ページ数で比べてみたものです。

特に大きな違いがあるのは、３【経営者による財政状態、経営成績及びキャッシュ・フローの状況の分析】の部分です。トヨタは様々な角度から29頁にも渡って説明しており、非常に読みごたえのある内容になっています。一方で日産は、極めてあっさりした説明にとどまっています。*5

一方で【経営上の重要な契約等】や【研究開発活動】については、トヨタの方が記載が少なく、日産はわりと丁寧に記載してあり、企業の個性が色濃く出ているのがわかります。

＊5　とはいえ、トヨタ自動車の方が例外的です。

6-6　「事業等のリスク」の記載例

備後観光開発㈱　※ゴルフ場運営

(2)新型コロナウイルスによるリスク

新型コロナウイルスの感染が世界中で急拡大するなか、国内の集会・イベントが自粛され、当社においても当面のコンペが軒並みキャンセルとなるなど、事業への影響が懸念されます。

㈱きんえい　※映画館運営

(3) 顧客の安全に係わる事態の発生

当社は、多数の顧客を収容できる施設において営業を行っておりますが、これらの施設において、災害、食品衛生上の問題など予期せぬ事態が発生しないという絶対的な保証は存在しません。また、これらの施設の来訪者または従業員を通じて、深刻な感染症の感染が拡大し、重篤な症状を引き起こす事態が発生する恐れもあります。万一、そのような顧客の安全に係わる事態が発生した場合には、その規模等によっては、当社の業績に影響を及ぼす可能性があります。

㈱東京ドーム

(1) 自然災害や感染症などによる影響

当社グループの事業基盤の多くは東京都文京区後楽の東京ドームシティ（以下、TDC）に集中しているため、都心部に大地震や台風等の自然災害が発生した場合の影響が考えられます。東京ドームをはじめ、東京ドームホテル、ラクーア等の各施設につきましては耐震性や安全面に配慮しているものの、自然災害時には施設や交通機関への被害、TDC内での各種イベントの中止等が想定されることから、来場者数の減少により当社グループの業績に悪影響を及ぼす可能性があります。

さらに、治療方法が確立されていない感染症等が流行した場合には、当社グループ施設でのスポーツ、文化イベントの中止や延期、各施設における営業の自粛、また各種レジャーに対する消費マインドの冷え込みなどが想定されることから、来場者数の減少により当社グループの業績に悪影響を及ぼす可能性があります。

（2020年有価証券報告書より抜粋）

また、一見興味を惹く【事業等のリスク】ですが、ここは業種ごとに横並びの記載が多く、あまり有用とはいえない項目です。

例えば、新型コロナウイルス感染症の大きな影響を受けそうな企業がどのように記載をしたのか見てみましょう【6-6】。残念ながらリスクを深く分析したような記述にはなっておらず、当たり障りのない平板な記述ばかりであることがわかるでしょう。

経理の状況 （連結）財務諸表はここを読め

「経理の状況」は【連結財務諸表等】というすべてのグループ会社も含めた財務指標等と、【財務諸表等】という提出会社（親会社）単体の2つに分かれます。深い分析を行うプロ以外は、単体の財務諸表で役に立つ情報はほとんどありませんので、「連結財務諸表等」について述べます。

ここは次の3つに分かれます。

1　【連結財務諸表】本体
2　【連結財務諸表注記】
3　【連結附属明細書】

連結財務諸表本体のうち財務3表（貸借対照表、損益計算書、キャッシュ・フロー計算書）の見方については前章までで説明しているので、ここではあまりなじみがないと思われる【連結株主資本等変動計算書】を取り上げます。

連結株主資本等変動計算書

6−7は、1年間の資本の部の変動を現したものです。

上の貸借対照表の資本合計の動きを、下の連結持分変動計算書[*6]で分解しています。一般的に以下のような資本合計の動きがここで表されます。

①当期純利益（または損失）
②その他の包括利益
③配当
④新株の発行または自社株買いとその処分・消却
⑤M&Aやグループ再編関連
⑥その他組み換え

＊6　IFRS導入企業は「連結持分変動計算書」ですが、内容は連結株主資本等変動計算書とほぼ同様と考えて問題ありません。

6-7　「連結株主資本等変動計算書」の仕組み

（単位：百万円）

	前連結会計年度末 （2018年3月31日）	当連結会計年度末 （2019年3月31日）
資本		
当社株主に帰属する持分		
資本金	949,680	949,680
資本剰余金	153,115	169,083
利益剰余金	4,908,373	4,160,495
自己株式	△448,403	△0
その他の資本の構成要素	102,342	92,595
当社株主に帰属する持分合計	5,665,107	5,371,853
非支配持分	27,121	22,271
資本合計	5,692,228	5,394,124

当連結会計年度（2018年4月1日から2019年3月31日まで）

（単位：百万円）

		当社株主に帰属する持分							
	注記	資本金	資本剰余金	利益剰余金	自己株式	その他の資本の構成要素	合計	非支配持分	資本合計
2018年3月31日		949,680	153,115	4,908,373	△448,403	102,342	5,665,107	27,121	5,692,228
IFRS第９号「金融商品」適用による累積的影響額				2,665		9,371	12,035		12,035
2018年4月1日		949,680	153,115	4,911,038	△448,403	111,713	5,677,142	27,121	5,704,263
①当期利益				663,629			663,629	1,222	664,851
②その他の包括利益	22					△7,603	△7,603	84	△7,519
当期包括利益合計		－	－	663,629	－	△7,603	656,026	1,306	657,332
③剰余金の配当	23			△377,284			△377,284	△583	△377,868
④自己株式の取得	22				△600,000		△600,000		△600,000
④自己株式の消却	22			△1,048,403	1,048,403		－		－
⑤子会社の支配喪失を伴わない変動			1				1	2,554	2,555
⑤子会社の支配喪失を伴う変動							－	△8,126	△8,126
⑤非支配持分に付与されたプット・オプション	22		15,968				15,968		15,968
⑥その他の資本の構成要素から利益剰余金への振替	22			11,515		△11,515	－		－
株主との取引額等合計		－	15,968	△1,414,172	448,403	△11,515	△961,316	△6,155	△967,471
2019年3月31日		949,680	169,083	4,160,495	△0	92,595	5,371,853	22,271	5,394,124

（㈱NTTドコモ 2018年度有価証券報告書より抜粋のうえ一部筆者記入）

このうち、本表でないと動きがよくわからないのは③と④です。

③の配当はほとんどが親会社の㈱NTTドコモの配当で、財務諸表ではこの連結持分計算書でしか出てきません。ちなみにNTTドコモの子会社が親会社等に配当してもこの表には出てきません。なぜならグループ内部の取引なので連結決算の性質上消去されてしまうからです。しかし、子会社でも100%子会社でなければ一部外部株主への配当になりますから、その部分がここでいう非支配持分への配当（583百万円）なわけです。この部分は第4【提出会社の状況】の3【配当政策】とあわせて読むと理解が深まります。

④の自己株式の取得および消却は、いわゆる自社株買いの顛末を表していま す。2018年4月に4484億03百万円の自己株式がありましたが、今年度は6000億円買い増して、そして1兆0484億03百万円の利益剰余金で消却してしまったことがわかります。この部分は第4【提出会社の状況】の2【自己株式の取得等の状況】とあわせて読むと理解が深まります。

注記

注記の部分は基本的に難解で、さまざまな財務会計の基準を理解していないと読み解くことが難しい部分が多々あります[*7]。

ただし、財務諸表中にある科目の具体的な明細を示した注記もあります。これは別段高度な財務会計の知識は不要なので有用です。実際の例で見てみましょう。

6-8は㈱日立製作所の2018年3月期の有価証券報告書ですが、よく見ると「その他の収益」と「費用」のところに（注21）とあります。そこで注21を見てみると、主な明細が記載されています。会計知識にあまり明るくない方はこのような明細に注目すると良いでしょう。

セグメント情報

また、興味深いのがセグメント情報です。面白い例を挙げてみましょう。

2015年10月から日清紡ホールディングス㈱は証券取引所の所属業種を「繊維製品」から「電気機器」に変更しました。名前の「日清紡」からすると違和感

＊7　財務会計の基準のうち、現場の方々に役に立つと思われる部分は拙著『現場で使える 会計知識』または会計理論書などを読まれると理解できる部分が増えると思います。

6-8　「注記」の記載例

②【連結損益計算書及び連結包括利益計算書】

【連結損益計算書】

(単位：百万円)

	前連結会計年度 (自　2016年４月１日 至　2017年３月31日)	当連結会計年度 (自　2017年４月１日 至　2018年３月31日)
売上収益	9, 162, 264	9, 368, 614
売上原価	△6, 782, 677	△6, 866, 522
売上総利益	2, 379, 587	2, 502, 092
販売費及び一般管理費	△1, 792, 278	△1, 787, 462
その他の収益（注21）	100, 742	12, 068
その他の費用（注21）	△146, 568	△140, 686
金融収益（注22）	7, 091	7, 005
金融費用（注22）	△26, 206	△11, 243
持分法による投資損益（注10）	△47, 186	62, 483
受取利息及び支払利息調整後税引前当期利益	475, 182	644, 257
受取利息	12, 923	14, 928
支払利息	△19, 014	△20, 539
継続事業税引前当期利益	469, 091	638, 646
法人所得税費用（注13）	△125, 112	△131, 708
継続事業当期利益	343, 979	506, 938
非継続事業当期損失（注15及び注23）	△5, 950	△16, 020
当期利益	338, 029	490, 918
当期利益の帰属		
親会社株主持分	231, 261	362, 988
非支配持分	106, 768	127, 930
１株当たり親会社株主に帰属する継続事業当期利益（注24）		
基本	49. 13円	78. 50円
希薄化後	49. 12円	78. 43円
１株当たり親会社株主に帰属する当期利益（注24）		
基本	47. 90円	75. 19円
希薄化後	47. 88円	75. 12円

注21．その他の収益及び費用

前連結会計年度及び当連結会計年度におけるその他の収益及び費用の主な内訳は下記のとおりである。

(単位：百万円)

	2017年３月31日	2018年３月31日
固定資産損益	15, 094	△2, 535
減損損失	△68, 587	△48, 656
事業再編等利益	81, 369	9, 774
特別退職金	△24, 665	△15, 728
競争法等関連費用	△6, 730	△14, 280

減損損失は、主に有形固定資産、投資不動産及び無形資産にかかる減損である。事業再編等利益には、支配の獲得及び喪失に関連する損益、投資先への重要な影響力の獲得及び喪失に関連する損益等が含まれている。

その他の費用に含まれている前連結会計年度及び当連結会計年度における事業構造改革関連費用は、それぞれ96, 289百万円及び64, 384百万円である。事業構造改革関連費用には、主に減損損失及び特別退職金が含まれている。

(㈱日立製作所 2019年有価証券報告書より抜粋のうえ一部筆者記入)

を覚える方も多いかもしれませんが、セグメント情報を見るとそれがはっきりします【6－9】。

これを見ると一番売上が大きいのが無線・通信の１５２２億12百万円である一方、繊維はわずか４９５億06百万円に過ぎません。例えば「無線・通信」では防災関連の無線から機器・システム構築まで一貫してサービスを提供しています。

ちなみに２０００年度のセグメント情報では、繊維事業が７８２億02百万で売上合計２２５８億36百万の約35％を占めていました。この時点では無線・通信は非常に小さな割合で、「その他の事業」の中に入っていたものと思われます。

このようにセグメント情報を時系列に見ていくと、その企業の事業の変遷が数字で如実に理解できるわけです。

6-9　「セグメント情報」の記載例

当連結会計年度(自　2019年1月1日　至　2019年12月31日)

(単位：百万円)

	報告セグメント								その他 (注)	合計
	無線・通信	マイクロデバイス	ブレーキ	精密機器	化学品	繊維	不動産	計		
売上高										
外部顧客への売上高	152, 212	65, 285	131, 338	65, 428	9, 390	49, 505	11, 655	484, 816	24, 844	509, 660
セグメント間の内部売上高又は振替高	82	810	11	325	173	17	1, 484	2, 905	2, 977	5, 883
計	152, 295	66, 096	131, 350	65, 754	9, 564	49, 522	13, 139	487, 722	27, 822	515, 544
セグメント利益又は損失（△）	4, 100	256	△3, 340	879	1, 649	1, 036	8, 163	12, 745	△187	12, 557
セグメント資産	164, 234	76, 231	133, 654	74, 801	9, 394	51, 338	49, 017	558, 671	37, 903	596, 575
その他の項目										
減価償却費	3, 655	3, 761	9, 798	4, 279	221	1, 483	1, 248	24, 447	220	24, 667
有形固定資産及び無形固定資産の増加額	5, 236	7, 989	13, 006	2, 927	165	1, 109	1, 141	31, 577	100	31, 677

(日清紡ホールディングス㈱ 2018年度有価証券報告書より抜粋)

【事業の種類別セグメント情報】

前連結会計年度(自　平成13年4月1日　至　平成14年3月31日)

	繊維事業(千円)	ブレーキ製品事業(千円)	紙製品事業(千円)	不動産事業(千円)	その他事業(千円)	計(千円)	消去又は全社(千円)	連結(千円)
Ⅰ　売上高及び営業損益								
売上高								
(1) 外部顧客に対する売上高	78,202,944	51,926,256	25,496,723	4,403,620	65,806,745	225,836,288	—	225,836,288
(2) セグメント間の内部売上高又は振替高	284	650	11,191	259,848	1,659,689	1,931,662	(1,931,662)	—
計	78,203,228	51,926,906	25,507,914	4,663,468	67,466,434	227,767,950	(1,931,662)	225,836,288
営業費用	77,981,198	49,569,556	24,404,034	2,416,984	69,491,668	223,863,440	(1,995,055)	221,868,385
営業利益又は営業損失(△)	222,030	2,357,350	1,103,880	2,246,484	△2,025,234	3,904,510	63,393	3,967,903
Ⅱ　資産、減価償却費及び資本的支出								
資産	89,071,463	67,538,229	19,886,696	15,909,512	51,144,638	243,550,538	120,610,258	364,160,796
減価償却費	4,392,206	4,723,061	1,275,255	845,225	2,186,143	13,421,890	—	13,421,890
資本的支出	6,677,121	3,524,023	927,533	352,799	1,761,277	13,242,753	—	13,242,753

(日清紡ホールディングス㈱ 2002年度有価証券報告書より抜粋)

その他

このほかに話題になることも多い有価証券報告書の項目を取り上げたいと思います。

役員報酬

まずは第4【提出会社の状況】の4【コーポレート・ガバナンスの状況等】に書かれている役員の報酬等の記載です。ここでは総報酬1億円以上の役員はその内容を開示することが義務付けられています。

この記載で注目を浴びたのがカルロス・ゴーン氏に対する報酬です【6－10】。日産自動車㈱において、ゴーン氏らに虚偽記載の問題があったと報告されたのは

6-10　「役員報酬」の記載例

＜役員ごとの連結報酬等の総額等 但し、連結報酬等の総額１億円以上である者＞

（単位：百万円）

氏名	役員区分	会社区分	総報酬	金銭報酬	株価連動型インセンティブ受領権
カルロス　ゴーン	取締役	当社	735	735	―
西川　廣人	取締役	当社	499	499	―

（2018年度 日産自動車㈱有価証券報告書－訂正前 より抜粋）

＜役員ごとの連結報酬等の総額等 但し、連結報酬等の総額１億円以上である者＞

（単位：百万円）

氏名	役員区分	会社区分	総報酬	金銭報酬	株価連動型インセンティブ受領権（行使可能数確定時の公正価値）	株価連動型インセンティブ受領権（行使分について、過去の開示額との差額）
カルロス　ゴーン	取締役	当社	2,869	2,491（注１）	―	378
西川　廣人	取締役	当社	499	499	―	―

（2018年度 日産自動車㈱有価証券報告書－訂正後 より抜粋）

この部分で、上が訂正前の記載で、下が訂正後の役員報酬です。

ここで主に虚偽とされたのは、ゴーン氏に対する支払いが繰り延べられていた報酬16億91百万円でした。いまだに最終的な決着はついていませんが、会社側の言い分として、これは確定しているので虚偽の報告、ゴーン氏側は確定した報酬でないので虚偽ではないという主張でした。

6-11　「持合い株式」の記載例

銘柄	当事業年度 株式数(株) 貸借対照表計上額(百万円)	前事業年度 株式数(株) 貸借対照表計上額(百万円)	保有目的、定量的な保有効果及び株式数が増加した理由	当社の株式の保有の有無
㈱SUMCO	－ －	23,220,000 64,783	当事業年度末日において保有しておりません。	無
㈱SUBARU	－ －	2,077,446 7,244	当事業年度末日において保有しておりません。	無
㈱ブリヂストン	－ －	804,000 3,717	当事業年度末日において保有しておりません。	無
三菱マテリアル㈱	－ －	1,063,200 3,402	当事業年度末日において保有しておりません。	有
日本精工㈱	－ －	1,200,000 1,711	当事業年度末日において保有しておりません。	有

(2019年 日本製鉄㈱ 有価証券報告書より抜粋)

持合い株式

もう1つは政策保有株式、いわゆる持合い株式の開示です。2019年1月の開示府令の改正により、純投資株式と政策保有株式は区分して、政策保有株式は純投資との区分の考え方、保有の方針・合理性を検討する方法などを開示することになり、開示も詳細になりました。投資家目線の資本効率性の重視がその底流にあるといえます。

したがってどのような政策保有株式を持っているか、資本効率性の観点から減らす方向にあるのかなどがわかります。

6-11のように日本製鉄㈱は大量の政策保有株式を処分したことで新聞などでも話題になりました。

監査報告書が使えるものになる？

本章の冒頭で、第二部【提出会社の保証会社等の情報】は見なくても良いとお伝えしましたが、将来は変わる可能性があります。背景にあるのが監査報告書の大きな変化です。

監査報告書は2ページくらいに渡るものですが、書いてある文言は通常ほとんど変わりません。[*8]

しかし、監査意見を出すにあたって、会計監査人はどのようなことを検討した結果そのような意見を出されたかという「検討過程」が全くわからず、この監査報告書は「どうせ社名と監査法人の名前以外はどの会社も一緒」と考えられ、見る必要のないものでした。

しかし、ＫＡＭ（Key Audit Matters：監査上の主要な検討事項）が２０２１

＊8 監査意見も原則適正意見ですので、２０１７年3月期に東芝が限定付き適正意見をＰＷＣあらた監査法人が出した際は話題になりました。

年3月期の決算から導入されることとなりました。これは、「当年度の財務諸表の監査の過程で監査役等と協議した事項のうち、職業的専門家として当該監査において特に重要であると判断した事項」（改訂監査基準 第四 報告基準 一(2)）で、多少は役に立つ情報を載せた監査報告書を出そうという意図があります。

6−12は、㈱三菱ケミカルホールディングスが２０１９年3月期決算において早期適用した例です。

これは、子会社である大陽日酸が欧州ガス事業を買収した際の無形資産とのれんについて重点的に監査を行ったことに触れたもので、契約書、評価、評価にあたって使用したパラメータについて監査法人が行った詳細な検証手続きが書かれています。

つまり、当該企業の財務諸表に関するリスク部分[*9]はここに記載されることになります。今後はさっと見ておくと有用な情報が得られる部分になるでしょう。[*10]

＊9
平たくいうと不正や誤りが生じそうな部分のこと。

＊10
ただ、欧州の企業が監査報告書にカバナンスや役員の報酬など年次報告書の財務諸表以外の部分についての詳細な記載があること等を考えると、まだまだ物足りなさが残るともいえそうです。

6-12 「監査上の主要な検討事項に相当する事項の報告」の記載例

産業ガス事業の企業結合	
監査上の主要な検討事項に相当する事項の内容及び決定理由	監査上の対応
会社の連結子会社である大陽日酸株式会社は、連結財務諸表注記5.に記載されているとおり、2018年12月3日付で、プラクスエア社（米国）の欧州における産業ガス事業を取得した。 取得対価は、635,847百万円であり、会社は、外部の評価専門家を利用して、取得した識別可能な資産及び引き受けた負債の認識及び測定を行った。その結果、無形資産及びのれんを、それぞれ208,301百万円及び310,401百万円計上している。 識別した無形資産は、主に顧客に係る無形資産であり、顧客に係る無形資産の測定における重要な仮定は、将来の売上収益の予想、既存顧客の減耗率及び割引率である。 企業結合における顧客に係る無形資産の測定は、複雑であり、経営者による判断を伴うものであることから、当監査法人は当該事項を監査上の主要な検討事項に相当する事項に該当するものと判断した。	当監査法人は、顧客に係る無形資産の測定を検討するにあたり、主として以下の監査手続を実施した。 ・当該事業の取得に関する取引を理解するために、契約書を閲覧した。また、経営者と議論し、取締役会への報告資料を閲覧した。 ・経営者が利用した外部の評価専門家の適性、能力及び客観性を評価し、監査手続の実施を通じて、外部の評価専門家に対して質問を行った。 ・当監査法人のネットワーク・ファームの評価専門家を関与させ、顧客に係る無形資産の測定方法を検証し、重要な仮定を評価した。 ・将来の売上収益の予想については、経営者及び事業計画の作成責任者と議論し、産業ガス事業の特性に基づいて過去の実績及び類似企業と比較した。さらに、不確実性を考慮し、利用可能な外部データを用いた売上収益の予測との比較を行った。 ・既存顧客の減耗率については、過去の主要顧客データ及び顧客との契約書を入手し検討するとともに、減耗率の変動リスクを考慮した感応度分析を実施した。 ・割引率については、利用可能な外部データを用いた当監査法人のネットワーク・ファームの評価専門家による見積りと比較した。

（三菱ケミカルホールディングス㈱ 2019年6月25日「監査上の主要な検討事項に相当する事項の報告」より抜粋）

おわりに

この本は「はじめに」でも述べたように、ビジネスの現場の方々に『「経営者目線」で決算書を見て、使えるようになろう』という意図で書かせていただきました。したがって、理論的説明は最小限にして、経営指標などもかなり絞り込み、実際の事例を多数使った読み方・使い方を解説しました。もし理論的説明やもう少し詳細かつ精緻な内容を勉強したいという方には、巻末に参考文献を載せました。こちらで補強していただければと思います。

ところで、ちょうど緊急事態宣言が出て、引きこもり状態になったところで後半の執筆となりました。引きこもることでさも執筆がはかどりそうなものでしたが、実際は「現場」にほとんど出ていない状況が続いたために、過去の記憶を必死にたぐり寄せながら執筆していたというのが実情です。

私自身にとって、いかに日ごろのコンサル先のお客様とのディスカッションや、研修などでする何気ない受講生とのやり取りが貴重なものであったか、改めて切実に感じられました。この場を借りてお客様や受講生の皆様には感謝をしたいと思います。

「Ｗｉｔｈ コロナ」または「Ａｆｔｅｒ コロナ」において、リモートワークはどんどん進んでいくのかもしれません。とはいえ（だからこそ）、実際に顔を合わせる現場の機会はますます貴重な時間になるでしょう。

皆さんにおいても、現場で学び、現場で知識を使う機会を大切にしていただきたいと思います。

最後になりましたが、この企画を推していただき、遅れがちな執筆を支えてくださった明日香出版社の田中裕也氏に感謝の念を述べつつ筆をおきたいと思います。

２０２０年5月

川井隆史

参考文献（代表的なものだけ挙げました）

基本を手短にさっと押さえたい方に

『これだけ　財務諸表』（小宮一慶著、日経文庫）

『増補改訂　財務3表一体理解法』（國貞克則著、朝日新書）

『ビジネススクールで教える経営分析』（太田康広著、日経文庫）

『株を買うなら最低限知っておきたい　ファンダメンタル投資の教科書　改訂版』（足立武志著、ダイヤモンド社）

『経営分析の基本』（林總著、日本実業出版社）

実例が豊富なムック系の読み物

『100分でわかる決算書「分析」超入門　2020』（佐伯良隆著、朝日新聞出版）

『決算書はここだけ読もう〈2020年版〉』（矢島雅己著、弘文堂）

ちょっとユニークで面白い決算数値の見方の本

『HOW FINANCE WORKS ハーバード・ビジネス・スクール ファイナンス講座』（ミヒル・A・デサイ著、ダイヤモンド社）

『IGPI流 経営分析のリアル・ノウハウ』（冨山和彦著、PHPビジネス新書）

もっと詳細に知りたい方に

『新・現代会計入門』（伊藤邦雄著、日本経済新聞出版）

『企業分析シナリオ』（西山茂著、東洋経済新報社）

『ROIC経営 稼ぐ力の創造と戦略的対話』（KPMG FAS・あずさ監査法人編集、日本経済新聞出版）

■著者略歴

川井　隆史（かわい・たかし）

㈱ハンズオン・CFO・パートナーズ代表取締役社長

1964年大阪府生まれ。慶應義塾大学経済学部卒、テンプル大学経営大学院修了（MBA）。公認会計士、税理士。

大学卒業後、国民金融公庫（現日本政策金融公庫）を経て、アーサー・アンダーセン（現あずさ監査法人）、日本コカ・コーラ、GEの外資系企業3社に勤務。財務・経営企画担当ディレクター、米国本社経営企画担当マネジャーなどを歴任した。

その後日系ベンチャー企業（上場、非上場含む）でCFO（最高財務責任者）や米系大手コンサルティング会社で経営コンサルタントとして活躍後、独立開業。ベンチャー・外資系企業の事業計画、PMI（買収後統合計画）、会計・税務のコンサルティング業務、講演・セミナーなどを手がけている。

著書に『現場で使える 会計知識』『部長の仕事術』（以上、明日香出版社）、『外資系エリートが実践する「すぐ成長する」仕事術』（日本実業出版社）がある。

ハンズオン・CFO・パートナーズ　HP

https://hands-on-cfo.com/

ハンズオン・CFO・パートナーズ

公式ブログ

https://hands-on-cfo.com/blog/

本書の内容に関するお問い合わせは弊社HPからお願いいたします。

現場《げんば》で使《つか》える　決算書《けっさんしょ》思考《しこう》

2020年　6月　27日　　初 版 発 行

著　者　川《かわ》 井《い》 隆《たか》 史《し》

発行者　石　野　栄　一

明日香出版社

〒112-0005 東京都文京区水道 2-11-5

電話 (03) 5395-7650（代 表）

(03) 5395-7654（FAX）

郵便振替 00150-6-183481

http://www.asuka-g.co.jp

■スタッフ■　編集　小林勝／久松圭祐／藤田知子／田中裕也

営業　渡辺久夫／奥本達哉／横尾一樹／関山美保子／藤本さやか

財務　早川朋子

印刷　株式会社フクイン

製本　株式会社フクイン

ISBN 978-4-7569-2092-8 C0034

編集担当　田中裕也

好印象を与える極意

適切な話題を見つけ、飽きさせない！

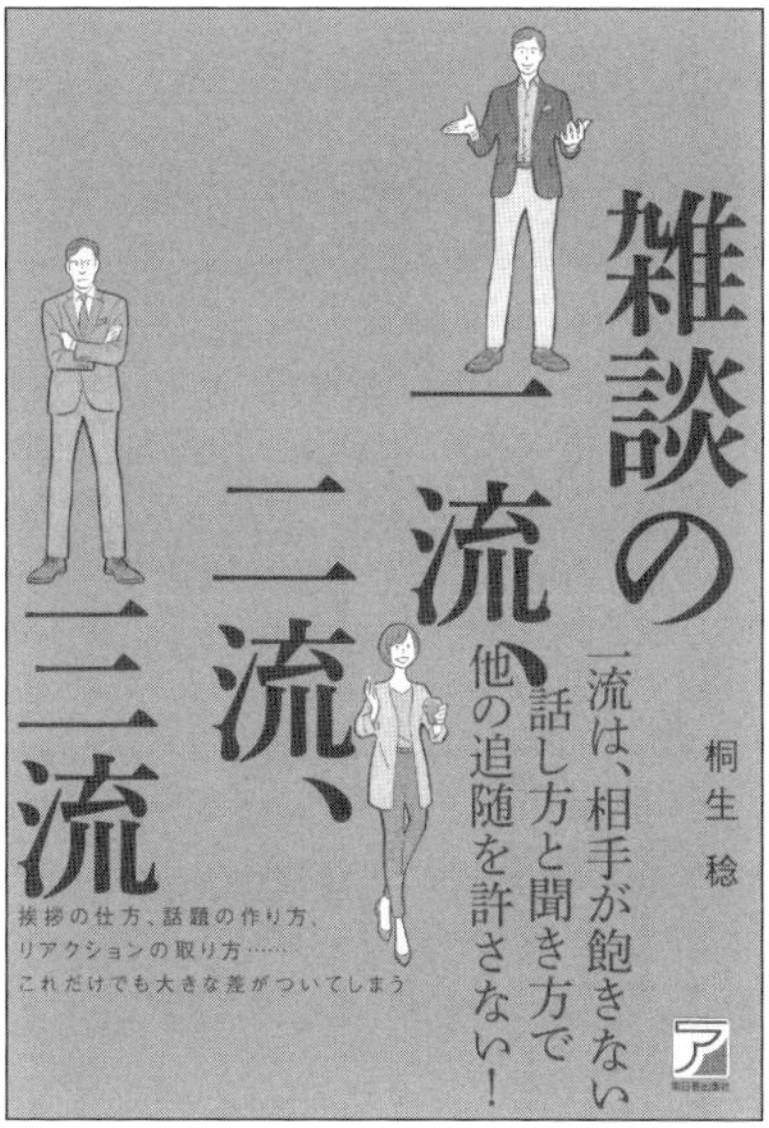

雑談の一流、二流、三流

Chapter1　雑談のはじめ方
Chapter2　話の広げ方
Chapter3　聞き方とリアクション
Chapter4　雑談の盛り上げ方
Chapter5　相手の懐に入る方法
Chapter6　好印象の残し方

桐生　稔　著

本体 1,500 円 + 税 ／ ISBN 978-4-7569-2078-2